Daniela Friedl & Miriam Emme

Vegane Glücksküche

SOJA- & GLUTENFREI

ISBN 978-3-99025-153-9
© 2014 Freya Verlag KG
Alle Rechte vorbehalten
A-4020 Linz
www.freya.at

Layout: freya_art, Daniela Waser
Lektorat: RED PEN
Fotos: Daniela Friedl, Miriam Emme

© Fotolia: Igor Serazetdinov, eyewave, Anja Kaiser, lynea, olga250, Morphart, shlapak_liliya, sergo77, Goldbany, karandaev, Africa Studio, nata_vkusidey, nata777_7, Ruslan Grumble, bit24, HandmadePictures, Sandor Jackal, Printemps, teleginatania, scphoto48, Printemps, tashka2000, chrisberic, duncanandison, mythja, fahrwasser, marrakeshh, taa22, djama, feferoni, Kathleen Rekowski, Jiri Hera, Viktor Pravdica, mubus, Dmitriy Kapitonenko, PRILL Mediendesign, Mario, Thomas Otto, Aaron Amat, digitalvox, Sebalos, ChantalS, Brent Hofacker, monticellllo, Birgit Brandlhuber, Yevgeniya Shal, Zerbor, ChantalS, Rozmarina, mythja, Clamo Clamare, Michael Tewes, anitasstudio, sabino.parente, Ildi, Jana Behr, Doris Heinrichs, Ray, Liv Friis-larsen, andyco, Nicole Hofmann, nadine, Christian Jung, Carmen Steiner, Franz Peter Rudolf, cirquedesprit;

printed in EU

Daniela Friedl & Miriam Emme

Vegane Glücksküche

SOJA- & GLUTENFREI

freya

„Ich sauge den Sommer in mich wie die Wildbienen den Honig",

sagte sie. „Ich sammle mir einen großen Sommerklumpen zusammen und von dem werde ich leben, wenn ... wenn es nicht mehr Sommer ist. Und weißt du, woraus der besteht? Es ist ein einziger großer Kuchen aus Sonnenaufgängen und Blaubeerreisig mit reifen Beeren und Sommersprossen, die du auf den Armen hast, und allabendlichem Mondschein über dem Fluss und Sternenhimmel und Wald in der Mittagshitze. Voll von Sonnenlicht auf den Fichten und kleinen Regenschauern und all sowas. Und voller Eichhörnchen und Füchse und Hasen und Elche und dazu alle Wildpferde, die wir kennen. Und auch noch unser Schwimmen und Reiten im Wald – ja, da hörst du, dass mein großer Kuchen aus allem besteht, was Sommer ist."

Astrid Lindgren,
Ronja Räubertochter

Inhalt

Vergnügen zum Anbeißen

Herzhafte Gaumenfreuden

Der süße Schlüssel zum Glück

Über uns

Viele Menschen versäumen das kleine Glück, während sie auf das große vergebens warten.

Pearl S. Buck

Good-Mood-Food
Ja, Glück kann man tatsächlich essen!

Ganz so einfach ist es natürlich nicht, aber mithilfe von ausgewählten Lebensmitteln kann man zumindest die Grundlage für ein positives Gemüt schaffen. Man muss nicht immer zur nächsten Apotheke laufen, um an hochwirksame, stimmungsaufhellende Substanzen zu gelangen. Oft genügt schon der Gang in den nächsten Naturkostladen oder den eigenen Garten. Für die Rezepte in diesem Buch haben wir uns Lebensmittel ausgesucht, die, wie wissenschaftlich belegt ist, eine positive Auswirkung auf unsere Stimmung haben. Hierbei spielen biochemische Reaktionen eine entscheidende Rolle. Unser Körper wurde mit speziellen Glücksstoffen ausgestattet: dem Botenstoff Serotonin, der Aminosäure Tryptophan und dem Neurotransmitter Dopamin. Diese Substanzen stecken auch in unserer täglichen Nahrung.

In diesem Buch finden Sie vegane Rezepte, die völlig ohne Sojaprodukte auskommen, zudem wird auch auf Fleischersatz jeglicher Art (Weizeneiweiß, Seitan, Lupinen etc.) gänzlich verzichtet. Viele Menschen leiden heutzutage (teilweise auch ohne es zu wissen) an einer Glutensensibilität oder -unverträglichkeit und kämpfen ratlos mit Bauchschmerzen, Unwohlsein oder Blähungen. Auch der Verzehr von Sojaprodukten kann zu diesen Unpässlichkeiten führen.

Wichtig ist jedoch nicht nur, was man zu sich nimmt, sondern auch das wie, das harmonische Ambiente. Mit lieben Menschen und guten Gesprächen schmeckt das Essen gleich doppelt so gut. Erwartungen machen uns ebenso glücklich – wer kennt sie nicht, die glühende Vorfreude auf eine leckere Tafel Schokolade? Oder auf das langersehnte Mittagsessen bei der Oma, die uns zuliebe unsere Leibspeise aus der Kindheit auftischt?

Der Stern und der Apfel

Nehmen Sie sich Zeit zum Zubereiten Ihrer Mahlzeit. Das ist nicht immer möglich, aber auf jeden Fall immer die Zeit wert.

Machen Sie sich die Farben und Düfte ihrer außerwählten Nahrungsmittel bewusst. Untersuchen Sie ruhig den Apfel, den sie schon tausendmal geschält, klein geschnitten und verspeist haben. Ist Ihnen schon einmal aufgefallen, dass Ihnen ein kleiner Stern entgegenstrahlt, wenn Sie den Apfel nicht von der Blüte zum Stil aufschneiden, sondern einfach in der Mitte durchschneiden? Wohlig behütet wohnen die kleinen, zauberhaften Kerne im Sternengehäuse ... es gibt viel zu entdecken!

In diesem Sinne wünschen wir Ihnen zahlreiche Glückmomente beim Zubereiten Ihrer ganz persönlichen Glücksküche.

Ihre

Daniela Friedl und Miriam Emme

*Es gibt
viel zu
entdecken ...*

Das Glück
dieser Erde ...
... liegt im Topf,
auf dem Herde!

Essen mit allen Sinnen

Unsere Rezepte und die darin enthaltenen Lebensmittel entfalten ihre Wirkung am besten, wenn Sie in Ruhe essen. Keinesfalls sollten Sie Ihre Mahlzeit im Stehen oder unter Zeitdruck einnehmen.

Genießen Sie ausgezeichnetes Essen stattdessen im Kreise Ihrer Familie oder lieber Freunde.

Decken Sie den Tisch in Ihren Lieblingsfarben, und holen Sie das gute Geschirr aus dem Schrank.

Richten Sie die Speisen mit besonders viel Liebe an, und zelebrieren Sie die Nahrungsaufnahme.

Sie sollten sich Zeit nehmen und jeden Bissen ganz bewusst verspeisen, die Geschmacksaromen wahrnehmen und sorgfältig kauen.

Soul Food –
Essen für die Seele

*Das Glück ist ein Schmetterling, angelockt vom Duft der stillen
Blüte, die sich öffnend dem Augenblick verschenkt.*
Andreas Tenzer

Daniela:

Das Glück ist ein Gänseblümchen ...

… auf einem Butterbrot mit Zucker! Das war meine absolute Lieblings-
jause in Kindertagen! Heute besteht meine ganz persönliche Glücksküche
aus wärmenden Suppen, deftigen Eintöpfen und heißer Schokolade mit
Mandelmilch. Es gibt Tage, an denen die Welt sich von ihrer gemeinen,
dunkelgrauen und kalten Seite zeigt, und genau dann sind diese Leckereien
besonders tröstlich.

Sie haben Wohlfühlcharakter für mich, erinnern mich an meine Kindheit
und vermitteln mir ein Gefühl von Heimat und Geborgenheit. Frische
Früchte in allen Farben, Salat und knackiges Gemüse aus dem eigenen
Garten dürfen natürlich auch nicht fehlen – gerne mit „multikulturellem
Touch". Ich liebe die Kombination aus bodenständigen, regionalen Lebensmitteln und Gewürzen aus aller Herren Länder. Ganz besonders liebe ich
den kleinen Feigenbaum, der in meinem Garten neben all dem saisonalen
Obst und Gemüse ein kleiner Exot ist und sich dort dennoch wohlfühlt!
  Gutes Essen aus hochwertigen Produkten gibt es bei uns immer, aber vor-
nehmlich freut es mich, wenn sich der reichlich gedeckte Tisch mit Familie
und Freunden füllt – nichts geht über eine große Tafel im Garten, gute Ge-
spräche bis in die Nacht und gemeinsame Zeit!

Miriam:

Ich hätte gern ein Stück vom Glück. Mit viel Schokolade, bitte.

Himbeerverschmierter Mund, Kirschen in der Tasche, Stachelbeeren stibitzen, Rhabarber in Zucker tauchen und dieses verrückte süß-saure Kribbeln im Mund, Butterbrote vom Vormittag in der Jackentasche finden … Kindheitserinnerungen mit Glück im Bauch.

Gerne erinnere ich mich an die Speisen und Gerichte meiner Kindheit. Linsensuppe gehörte (und gehört immer noch) zu meinen Lieblingsspeisen. Auch liebte ich es, an hellen Sommerabenden früh mit meinen Büchern und der Katze ins Bett zu verschwinden und mir einen großen Stapel geschmierter Butterbrote als Proviant mitzunehmen. Es galt schließlich jede Menge Abenteuer zu bestehen.

Meine persönliche Glücksküche ist sehr an die Jahreszeiten und an meine jeweilige Stimmung gebunden. Ich liebe heißen, nach Zimt und Kardamom duftenden Kakao im Winter, bunte, frische Salate im Sommer, warme, herzerwärmende Suppen im Herbst, und, nun ja – Schokolade zu jeder Tageszeit. Erdbeeren machen mich im Frühsommer glücklich. Was kann es Besseres geben, als an einem warmen Frühsommertag im lichten Schatten der Birken zu liegen und ein Schälchen mit glühendroten Erdbeeren zu genießen? Das ist vielleicht nur von einem Teller heißer Suppe zu toppen, die ich mir, dick in eine Decke gekuschelt, an einem nass-kalten Tag nach dem Hundespaziergang im windgepeitschten Feld auf dem Sofa gönne.

Rohkost in all ihren Erscheinungsformen (sei es die Kirsche vom Baum, der leckere Salat zur Mittagszeit oder Gourmet-Rohkost mit Freunden) steht natürlich ganz weit oben auf meiner Glücksküchenrangliste. Ich liebe es, in der Küche zu stehen, inmitten der ganzen Pracht leuchtender Früchte und Gemüsesorten, und mich von ihren Düften und Aromen inspirieren zu lassen.

Stimmungsaufhellende Lebensmittel

Eure Nahrungsmittel sollen eure Heilmittel und eure Heilmittel eure Nahrungsmittel sein.

Hippokrates

Lieber Leser und Suchender nach dem Glück, wir möchten Sie mit diesem Buch dazu anregen, mit Lebensmitteln zu experimentieren. In diesem Sinne möchten wir Ihnen gerne einige Vorteile der verwendeten Zutaten auflisten.

Aloe Vera

Sie ist eine der Wunderpflanzen schlechthin. Mit ihren über 220 Inhaltsstoffen wirkt sie medizinisch gegen eine Vielzahl von Erkrankungen, wie beispielsweise Bluthochdruck. Sie beeinflusst den Cholesterinspiegel positiv, hält den Körper alkalisch und erhöht die Sauerstoffanreicherung im Blut.

Apfel

Sein Mix aus sekundären Pflanzenstoffen und den Vitaminen C, E, B_1, B_6, Selen sowie Folsäure wirkt Stresssignalen wie Kreislaufstörungen und Kopfschmerz entgegen. Aldehyde und Folsäure beruhigen zusätzlich.

Banane

Das Bioflavonoid Katecholamin hilft uns die Ruhe zu bewahren und schützt uns vor Aufregung und Ärger. Die Banane verfügt zudem über nahezu alle B-Vitamine.

Blaubeeren

Anthocyane, die den Beeren die tolle Farbe verleihen, stärken die Sehkraft, bekämpfen Bakterien und Keime und wirken als natürliches Antibiotikum.

Brokkoli

Brokkoli enthält viel Folsäure. Besteht ein Folsäuremangel, kommt es oft zu Niedergeschlagenheit und Melancholie. Da Folsäure jedoch empfindlich auf starke Hitze reagiert, sollte der Brokkoli nur kurz gedämpft und öfters roh verzehrt werden.

Chia Samen

Die Samen, welche schon bei den Azteken und Mayas sehr beliebt waren, verfügen neben Vitamin E über das ideale Verhältnis von Omega-3- und Omega-6-Fettsäuren.

Chili

Die farbenprächtige Schote ist reich an Capsaicin, dessen Schärfe das Hirn fehlinterpretiert und als Schmerz empfindet. Der Körper schüttet daraufhin Endorphine aus, die wie körpereigenes Morphium wirken.

Erbsen

Erbsen enthalten Vitamin B9 (Folsäure). Ein Mangel kann Gedächtnisstörungen und depressive Verstimmungen auslösen, da Folsäure an der Produktion von Neurotransmittern beteiligt ist, die für Freude und Glück zuständig sind.

Feigen

Feigen verfügen über viel Magnesium, bauen Stress ab und schützen Herz und Kreislauf. Das enthaltene Zink steigert die Stimmung. Zudem wirken sie gegen Müdigkeit, Antriebslosigkeit, Leistungsabfall und Konzentrationsstörungen.

Fenchel

Durch das ätherische Öl Athenol wirkt Fenchel wunderbar gegen Völlegefühl und Verdauungsbeschwerden. Die ballaststoffreichen Fasern binden Gifte und Fette im Darm und senken somit den Cholesterin- und Blutfettspiegel. Die Knolle ist auch reich an Vitamin C, Vitamin E sowie Kalium und Kalzium.

Hanfmilch

Hanfmilch enthält die seltene Gamma-Linolensäure, wirkt gegen Entzündungen, verbessert das Hautbild und unterstützt die Zellerneuerung im Körper.

Hefe

wirkt wie Balsam für gestresste Nerven aufgrund des hohen Gehalts an den Vitaminen B1, B2 und B6. Folsäure und Biotin sorgen für gesunde Haut, Nägel und Haare.

Ingwer

Sein scharfer Stoff Gingerol macht glücklich, da die Schärfe (wie bei Chili) als Schmerz wahrgenommen wird, woraufhin der Körper morphiumähnliche Neurotransmitter ausschüttet.

Kiwi

Grüne und gelbe Kiwis sind reich an Vitamin C. Die Nährstoffe schützen den Körper vor Schadstoffen, den sogenannten freien Radikalen, und bewahren dadurch vor Krankheiten und Alterung.

Kokosnuss

Egal ob Kokosöl, Raspeln oder Milch, der Geschmack erinnert an Urlaub, Strand und Meer. Das Öl der Nuss wirkt sich positiv auf die Gewichtsreduktion, den Stoffwechsel und den Cholesterinspiegel aus. Neueste Studien deuten darauf hin, dass Kokosöl sogar die Symptome von Alzheimer mindern kann.

Kürbis

Er enthält Magnesium, welches maßgeblich am Abbau von Stress beteiligt ist und so gegen Nervosität hilft. Das enthaltene Eisen hält wach, und B-Vitamine stärken zusätzlich die Nerven.

Kurkuma

Der in Kurkuma enthaltene Wirkstoff Kurkumin verfügt über antidepressive Eigenschaften. Dr. Ajay Goel (*Baylor Research Institute*) und Charles Sammons (*Krebszentrum des Baylor University Medical Center*), Autoren einer entsprechenden Studie, welche im „Phytotherapy Research" veröffentlicht wurde, erklären sich den Effekt durch die entzündungshemmende Wirkung von Kurkumin insofern, als Menschen mit Depressionen oft erhöhte Entzündungswerte im Gehirn aufweisen.

Leinsamen

Leinsamen regulieren die Verdauung und enthalten besonders viele Omega-3-Fettsäuren, Lignane und Ballaststoffe. Das *Fred Hutchinson Cancer Research Center* in Seattle fand in einer Studie heraus, dass Omega-3-Fette das Brustkrebsrisiko um 32 % senken können, indem sie Entzündungsprozesse regulieren und die Bereitschaft der Krebszellen, sich zu teilen, verringern.

Linsen

Linsen stellen eine besonders hochwertige Eiweiß- und Ballaststoffquelle dar und enthalten neben Zink, Magnesium und Eisen auch B-Vitamine. Zudem treibt der niedrige glykämische Index den Blutzuckerspiegel nur sehr langsam hoch.

Mandel

Mandeln stärken aufgrund des hohen Kalzium-Gehaltes die Knochen und enthalten neben Magnesium auch viele B-Vitamine.

Mango

In Indien als „göttliche Frucht" bekannt, bietet sie uns eine Vielzahl an gesundheitlichen Vorteilen. Reich an Carotin, sorgt sie für gesunde Augen, ein besseres Gedächtnis und beugt vorzeitiger Hautalterung vor.

Mangold

Das Blattgemüse enthält Oxalsäure, verfügt über einen hohen Gehalt an Kalium, Kalzium, Magnesium, Eisen, Folsäure sowie Vitamin B_1, B_2 und reichlich Vitamin C. Zudem wirkt Mangold Konzentrationsstörungen entgegen und sorgt für mentale Frische.

Olivenöl

Eine im Jahre 2010 in der US-Fachzeitschrift *„American Journal of Psychiatry"* veröffentlichte Studie belegt, dass die im Olivenöl enthaltenen Omega-9-Fettsäuren das Risiko, an Depressionen zu erkranken, vermindern.

Orangen

Orangen unterstützen aufgrund der enthaltenen Terpene die Entgiftung des Körpers. Der hohe Gehalt an sekundären Pflanzenstoffen und Elektrolyten wirkt sich ebenfalls positiv auf die Gesundheit aus. Das potente Antioxidans Vitamin C schützt vor oxidativem Stress und den damit verbundenen Folgen.

Paranüsse

Die Paranuss gilt als selenreichstes natürliches Nahrungsmittel, übernimmt so wichtige Funktionen bei antioxidativen Prozessen und verbessert das Immunsystem. Außerdem hat sie einen positiven Einfluss auf den Schilddrüsenhormon-Stoffwechsel.

Pflaumen

Die enthaltenen Spurenelemente Zink und Kupfer wirken gegen Unruhe und Nervosität. B-Vitamine sorgen für ein intaktes Nervenkostüm.

Datteln

Gerade in der kalten Jahreszeit zaubert uns das süße Aroma einen Hauch Sonne an den Gaumen. Eisen, Kalium, Magnesium und Kalzium bleiben nach dem Trocknen in besonders hoher Konzentration zurück.

Pilze

Pilze liefern Vitamine und Mineralstoffe und wirken sich aufgrund ihres Ballaststoffgehaltes positiv auf die Verdauung aus. Champignons senken durch den Wirkstoff Tyrosinase den Blutdruck.

Radieschen

Senföl sorgt für die leichte Schärfe und hilft bei der Abwehr von Infektionskrankheiten. Radieschen fördern den Appetit und regen die Leber- und Gallentätigkeit an.

Rosenkohl

Auch Rosenkohl wirkt sich aufgrund der enthaltenen B-Vitamine positiv auf die Nerven aus und unterstützt die Entgiftung über die Leber sowie die Nieren.

Salbei

Arabische Ärzte setzten Salbeitee im 10. Jahrhundert zur Steigerung der Konzentrationsfähigkeit und der geistigen Leistung ein. Salbei wirkt zudem antibakteriell und pilzfeindlich.

Sauerkraut

Man kann zu Recht behaupten, dass Sauerkraut eines der ältesten „Super Foods" ist. Es enthält sowohl das Vitamin B_{12} als auch probiotische Milchsäurebakterien, die unsere Darmflora stärken.

Schokolade

Die Kombination aus B-Vitaminen und Serotonin dient als ideale Nervennahrung. Kakao enthält Tryptophan, welches die Ausschüttung von Glücksbotenstoffen ankurbelt.

Sesam

Seine Omega-3-Fettsäuren helfen beim Transport von Glücksstoffen und können Depressionssignale blockieren. Sie greifen ähnlich in den Stoffwechsel im Gehirn ein wie Antidepressiva, zudem wirkt das im Sesam enthaltene Selen gegen Niedergeschlagenheit.

Tomaten

Sind reich an Vitamin C und Vitamin B_6, welche dabei helfen, den Glücksbotenstoff Serotonin zu produzieren. Tomaten sind ebenso reich an Folsäure, Magnesium und Eisen.

Topinambur

Die Knolle enthält nur 16 % Inulin und ist daher auch für Diabetiker geeignet. Zudem ist sie reich an Vitaminen und fördert eine gesunde Darmflora und Verdauung.

Walnüsse

Ihre Aminosäure Isoleucin wirkt sich positiv auf die Psyche aus und verbessert das Denkvermögen. Die enthaltene Alpha-Linolensäure wirkt stimmungsaufhellend und baut Stress ab, indem sie den Blutdruck senkt.

Zitronengras

Das enthaltene ätherische Öl wirkt gegen Magenbeschwerden und innere Unruhe, zudem verfügt Zitronengras über antibakterielle und entzündungshemmende Eigenschaften.

Zwiebel

Speziell rote Zwiebeln entgiften, unterstützen die Gewichtsreduktion, senken den Cholesterinspiegel und wirken entzündungshemmend.

Achte auf das Kleine
in der Welt,
das macht das Leben
reicher und zufriedener.

Carl Hilty

Rohkost
Was ist Rohkost?

Unter Rohkost versteht man Nahrung, die möglichst naturbelassen und nicht bis kaum erhitzt ist (nicht gebacken, nicht gebraten, nicht gekocht oder pasteurisiert). Die Nahrung wird also möglichst naturbelassen aufgenommen. Viele Vitamine, Mineralien, Enzyme und Spurenelemente werden durch übermäßiges Kochen zerstört und können dem Körper nur noch in verminderter und denaturierter Weise zugeführt werden.

Das muss allerdings keineswegs heißen, dass Rohkost immer kalt serviert wird. Schonend erwärmte Nahrung (bis maximal 42° C) gilt immer noch als roh. Ab ca. 42° C werden Vitalstoffe wie Enzyme, Vitamine oder essenzielle Fettsäuren zerstört, der Nährwert der Lebensmittel nimmt rapide ab. Benutzt man zum Beispiel einen Trockner (Dehydrator/Dörrgerät), kann man seine Lebensmittel schonend erwärmen und auch einmal eine warme Rohkostsuppe löffeln. Man kann (Rohkost-)Brot im Dörrer backen – im Sommer übernimmt die Sonne diese Aufgabe.

Es gibt verschiedene Arten von Rohkost. So versteht man z.B. unter veganer Rohkost Obst, Gemüse, Früchte, Salatpflanzen (Blattgrün), Kräuter und Wildkräuter, Pilze, Nüsse, Samen und milchsauervergorene Lebensmittel wie rohes Sauerkraut. Bei vegetarischer Rohkost kommt noch die Lebensmittelgruppe der Rohmilchprodukte (Rohmilch, Rohmilchkäse und Rohmilchbutter) und Eier hinzu. Honig wird manchmal auch von veganen Rohköstlern verwendet, würde aber streng genommen in die Gruppe der vegetarischen Rohkost fallen. Bei nicht vegetarischer Rohkost werden zudem tierische Produkte verzehrt. Fisch wie Lachs, Forellentatar, Thunfisch und rohe Fleischsorten (Schinken, Tatar, Carpaccio, aber auch rohes Hirn, Leber und Innereien) stehen hier auf dem Speiseplan.

Die rohköstlichen Rezepte in diesem Buch basieren ausschließlich auf veganer Rohkost.

Die Wirkung von Frischkost

Wenn Sie einmal versuchen – vielleicht testweise als eine Art Kur – sich über einen längeren Zeitraum von Rohkost zu ernähren, werden Sie schnell feststellen, dass die Wirkung nicht lange auf sich warten lässt. Wenn Sie in dieser Zeit viele Früchte und frisch gepresste Säfte zu sich nehmen, werden Sie wahrscheinlich innerhalb kurzer Zeit an Gewicht verlieren. Viele Früchte entwässern und wirken entgiftend, und der Körper bedankt sich für diese Unterstützung, indem er gleich das eine oder andere Pfündchen über Bord wirft.

Dazu stellt sich ein Reinigungseffekt ein. Die reinigende Wirkung von Rohkost kann sich nicht nur über Hautprobleme äußern, sondern auch durch Schwindel oder Verdauungsprobleme wie Durchfall. Diese Unpässlichkeiten gehören meist zu jeder Art von Entgiftungskur. Glücklicherweise dauern diese Phasen nur vorübergehend an. Ist der Körper eines Tages auf die neue Art der Nahrung eingestellt und einigermaßen entgiftet, klingen die Symptome ab und werden schwächer, bis sie ganz verschwinden.

Ein weiterer wunderbarer Effekt, den frische Nahrung auf unser Körpersystem hat, ist die Stärkung der Gesundheit. Man wird nicht mehr so oft krank. Durch die Reduzierung von Mehlwaren wie Brot oder Pasta vermindert man automatisch die Verschleimung und bekommt viel seltener Schnupfen oder Husten.

Eine gesunde, ausgeglichene Ernährungsweise mit lebendiger Nahrung ist eine der wirkungsvollsten gesundheitlichen Präventivmaßnahmen, die es gibt. Es gibt viele Berichte von Menschen, die nach der Umstellung auf Rohkost Krankheiten wie Krebs, Diabetes und Herzleiden mindern oder sogar heilen konnten.

Hat man die Entgiftung hinter sich, steigert sich das allgemeine Wohlbefinden. Doch nicht nur auf körperlicher Ebene kann man Veränderungen spüren. Durch eine ausgewogene und natürliche Nahrung stellt sich ein Gefühl von Frieden, Harmonie und Verbundenheit ein.
Probieren Sie es doch einfach einmal aus!

Die Wirkung von Lebensmitteln

Gerade in der kalten Jahreszeit sollte man verstärkt darauf achten, dass man wärmende Lebensmittel zu sich nimmt.

Als **WÄRMENDES OBST UND GEMÜSE** nennt u.a. die traditionelle chinesische Medizin: Zwiebeln, Fenchel, Lauch, Kürbis, Paprika, Ingwer, Chili, Peperoni, Marillen, Pfirsiche, Aprikosen, Knoblauch, Kirschen, Porree, Weintrauben und Kohlarten.

WÄRMENDE GEWÜRZE (bei uns bekannt als traditionelle Wintergewürze) sind unter anderem z.B. Anis, Zimt, Kardamom, Ingwer, Nelken, aber auch Chili, Wacholder, Rosmarin, Kümmel, Thymian, Pfeffer, Majoran und Petersilie. Als wärmender Tee werden Yogi Tee (besteht aus einer Mischung wärmender Gewürze), Ingwer, Wacholder, Beifuß, Fenchel und Rosmarin empfohlen.

Es gibt auch **KÜHLENDE LEBENSMITTEL**, perfekt für einen heißen Sommer. Hier nennt die TCM zum Beispiel: Äpfel, Birnen, Trauben, Orangen, Kiwis, Ananas, Gurken, Tomaten, Wassermelonen, Artischocken, Brokkoli oder Champignons.

KÜHLENDE GEWÜRZE sind Estragon, Salbei oder Wermut. Schwarzer und grüner Tee ebenso Hagebuttentee werden als kühlend empfunden, genauso wie normales Leitungswasser.

Die Wirkung der Farben
Den Regenbogen vernaschen

Unser Wohlbefinden können wir auch durch das Essen von farbigen Lebensmitteln beeinflussen. Kaum jemand kann sich den leuchtenden Farben von frischen Früchten wie Erdbeeren, Äpfeln, Orangen oder Pflaumen entziehen. Schon allein der Anblick macht gute Laune und wirkt stimmungsaufhellend. Farben wirken auf unsere Psyche, und diese Wirkung können wir uns zunutze machen.

Aber nicht nur die Optik der Lebensmittel lässt unser Stimmungsbarometer steigen, sondern auch die darin enthaltenen Pflanzenfarbstoffe.

Rot

Hier leuchtet Lycopin. Lycopin gehört zur Gruppe der Carotinoide wirkt anregend, belebend und bringt den Kreislauf in Schwung. Zudem soll es vor Krebs schützen und Haut- und Zellalterung verlangsamen.

GEMÜSE:
Tomaten, Chili, rote Paprika, Radieschen

FRÜCHTE:
Hagebutten, Granatäpfel, Himbeeren, Erdbeeren, Kirschen, rote Johannisbeeren, Preiselbeeren, Wassermelonen

Rot wirkt appetitanregend, stimuliert Unterfunktionen, verstärkt Emotionen und fördert Lernprozesse. Rot bringt den Körper in Schwung und das „innere Feuer" zum Lodern. Weiter steht diese kräftige Farbe für Leidenschaft, Sinnlichkeit, Aufregung und Feuer, aber auch für Wut und Aggression.

Orange und Gelb

Carotinoide sorgen in orangen und gelben Lebensmitteln für ihr leuchtendes Strahlen. Sie sind Antioxidantien, erklären freien Radikalen den Krieg und helfen, die Hautalterung zu verlangsamen. Weitere tolle Eigenschaften dieses Pflanzenfarbstoffes sind die Stärkung des Immunsystems sowie die Anregung der Verdauung und des Stoffwechsels.

GEMÜSE:
gelbe Zucchini, gelbe und orangefarbene Paprika, Pastinaken, Kürbis, Karotten

FRÜCHTE:
Bananen, gelbe Pflaumen, Ananas, Zitronen, Mirabellen, Sanddorn, Aprikosen, Orangen, Mangos, Mandarinen

KRÄUTER/GEWÜRZE:
Gelbwurz, Ingwer, Safran, Vanille

Orange und Gelb sollen die Konzentrationsfähigkeit und somit auch die Leistungssteigerung begünstigen. Außerdem beeinflussen sie unser Gemüt positiv und helfen so gegen Teilnahmslosigkeit und Depressionen. Ihre psychologischen Wirkungen sind aufbauend und heiter und fördern das Selbstwertgefühl. Orange und Gelb sind warme Farben und stehen für Licht, Wärme und Geborgenheit. Diese Farben waren den antiken Sonnengöttern geweiht.

Grün

In grünen Lebensmitteln ist der Pflanzenfarbstoff Chlorophyll enthalten. Dieser hilft beim Entgiften und hat somit einen „Detox-Effekt". Dazu kommt, dass viele grüne Lebensmittel den Pflanzenfarbstoff Lutein enthalten, der beim Aufbau der Zellen hilft und die Augen schützt.

GEMÜSE:
alle grünen Blattsalate, **Mangold,** Gurken, Zucchini, Bohnen, Grünkohl, Spinat, Avocados, Erbsen

OBST:
grüne Äpfel und Birnen, grüne Weintrauben, Kiwis, Limonen

KRÄUTER/GEWÜRZE:
Kresse, Petersilie, Dill, Rosmarin, Basilikum, Estragon

Die Farbe Grün hilft bei Nervosität und Überreiztheit, soll Entzündungen lindern und fördert die Entgiftungs- und Reinigungsmechanismen des Körpers. Psychologisch gesehen besänftigt uns diese Farbe, wirkt ausgleichend, harmonisch und belebend und versorgt uns mit neuen Kräften. Grün steht für Wachstum, Hoffnung, Natürlichkeit, Transformation und Weiterentwicklung.

Violett und Blau

Die Farbstoffe, die diese intensive Farbe hervorrufen, nennen sich Anthocyane und sind wahre Wunder in Sachen Anti-Aging. Ihre Haut wird es Ihnen danken, wenn Sie öfters einmal zu blauen und violetten Lebensmitteln greifen. Weiters wirken die Farbstoffe positiv auf das Herz, die Sehkraft und das Gedächtnis.

GEMÜSE:
Auberginen, Rote Beete, Blaukraut, der Salat Lolo Rosso, blaue Bohnen

OBST:
Heidelbeeren, Pflaumen, schwarze Johannisbeeren, blaue Weintrauben, Holunderbeeren, Feigen, Brombeeren

KRÄUTER/GEWÜRZE:
Salbei, Thymian, Borretsch und Heidekraut

Die Farbe Blau wirkt beruhigend und entspannend, kühlt den Geist, führt uns in das eigene Unterbewusstsein und die innere Stille. Sie wirkt schlaffördernd, stimuliert die Ausscheidungsorgane und reguliert unseren Stoffwechsel. Blau steht für Frieden, Treue, Freiheit, Vertrauen und Sicherheit.

Violett dagegen wirkt mystisch und geheimnisvoll, edel und intim. Psychologisch gesehen regeneriert diese Farbe, löst innere Verspannungen, befreit und reinigt. Sie lindert Entzündungen und fördert das Verständnis für andere. Violett steht für Weisheit und Spiritualität, Magie und Alchemie.

Weiß

Weiße Lebensmittel haben keinen färbenden Pflanzenfarbstoff, sind aber keineswegs wirkungslos, denn viele Vitamine und Mineralstoffe sind in ihnen enthalten. Besonders hervorzuheben sind an dieser Stelle Zwiebeln und Knoblauch, denn das in ihnen enthaltene Allicin wirkt entzündungshemmend, gefäßschützend, durchblutungsfördernd und antibakteriell.

GEMÜSE:
Spargel, Sellerie, Zwiebel, Knoblauch, Fenchel, Blumenkohl

OBST:
Litschi

Diese helle Farbe soll sich günstig auf den Geisteszustand auswirken, diesen klären und reinigen. Sie fördert Neutralität und hilft, gerecht zu urteilen. Weiß ist ein Symbol für Unschuld, Reinheit und Glück, aber auch für Unnahbarkeit und kühle Distanz. Sie ist die hellste aller Farben.

Soja- und glutenfrei

Viele Menschen vertragen Soja und/oder Gluten nicht. Bauchschmerzen, Blähungen, allgemeines Unwohlsein und Kopfschmerzen sind nur einige der Symptome, die auf eine Unverträglichkeit hinweisen können.

Soja – die umstrittene Bohne

ES GEHT AUCH OHNE SOJA

Viele Menschen verzichten aufgrund von Schilddrüsenerkrankungen auf den übermäßigen Verzehr von Sojaprodukten oder leiden an einer (leichten) Unverträglichkeit.

SOJA LIEGT IM TREND – SO VIEL STEHT FEST.

Im Moment stellt Sojamilch in den USA die am schnellsten wachsende Getränkekategorie überhaupt dar. Über 1000 neue Sojaprodukte haben den Markt erobert: von Milchalternativen, Sojajoghurt, Tofu über Nudeln bis hin zu Chips – der Siegeszug der vielfältigen Bohne ist unaufhaltsam. Sie hat sich vom proteinreichen Viehfutter zum hippen Lebensmittel gemausert.

Große amerikanische Lebensmittelhersteller entschieden sich kurzerhand dafür, Sojaproduktionen aufzukaufen, um den lukrativen Zug keinesfalls zu verpassen.

Wunderbohne oder gefährliche Saat?

Soja gilt aufgrund der darin enthaltenen Isoflavone (pflanzliche Hormone) als Mittel bei Wechseljahrbeschwerden und soll u.a. Herzerkrankungen, Osteoporose und Krebs vorbeugen. Eine Studie der *Wayne State University* in Detroit ergab, dass Isoflavone das Wachstum von Prostatakrebs bei 24 von 31 Patienten reduzierte.

Auch das Risiko, an Brustkrebs zu erkranken, soll vermindert werden, da Soja die Dichte des Brustgewebes reduziert.

Gleichzeitig steht Soja aber auch im Verdacht, die Fruchtbarkeit bei Frauen zu beeinträchtigen, die Aufnahme von Nährstoffen zu hemmen sowie die Gedächtnisleistung zu verringern. Kritiker sind sogar überzeugt davon, dass sich die hochgepriesenen Soja-Isoflavone zwar auf bestehende Krebsarten positiv auswirken, ein übermäßiger Verzehr jedoch krebserregend wirkt und die Schilddrüse schädigt.

Zudem finden sich nach dem Verarbeitungsprozess sowohl karzinogene Stoffe als auch eine Vielzahl an Toxinen in den Produkten wieder.

Die industrielle Herstellung im Schnellverfahren

Traditionell hergestellte Sojaprodukte wie beispielsweise Miso oder Tempeh durchlaufen eine monate-, teilweise sogar jahrelange Fermentation. Hierbei werden Enzyme aufgeschlossen, Isoflavone gewonnen und Schadstoffe abgebaut.

In der industriellen Herstellung hingegen werden die Sojabohnen innerhalb kürzester Zeit in einer alkalischen Flüssigkeit aufgeweicht, mit dem Einweichwasser vermahlen, filtriert und anschließend auf 135 bis 150 Grad Celsius erhitzt.

Einige bedenkliche Substanzen überstehen diesen Vorgang aber problemlos:

› Soja-Phytate (hemmen die Nährstoffaufnahme und verursachen somit unter anderem Wachstumsprobleme bei Kindern)
› Trypsin-Inhibitoren (hemmen die Verdauung von Eiweiß)
› Hämagglutinine (fördern das Verklumpen von Blutblättchen und können somit Blutgerinnsel, Thrombosen und Embolien verursachen)
› Oxalate (hemmen die Aufnahme von Kalzium und fördern sowohl die Bildung von Nierensteinen als auch Osteoporose)

Unverträglichkeit und Allergie

Soja gehört zu den acht stärksten Nahrungsmittel-Allergenen. Oft reicht schon eine sekundäre Nahrungsmittelunverträglichkeit aus, um Beschwerden auszulösen. Symptome wie Bauchschmerzen, Blähungen, Übelkeit, Erbrechen sowie Schwellungen im Mund- und Rachenraum deuten auf eine Unverträglichkeit hin.

Wo versteckt sich Soja?

Nicht immer ist es so einfach, Sojaprodukte zu erkennen, wie bei Sojamilch oder Sojajoghurt. Der beliebte Emulgator Sojalecithin beispielsweise kommt in vielen Produkten vor, etwa in Schokolade, Margarine, Eis, Backwaren und Brot. Vorsicht ist auch geboten, wenn Sie „pflanzliches Öl", „pflanzliches Fett", „Leguminosenmehl", „Emulgator Lecithin" oder „pflanzliches Protein" in der Zutatenliste lesen. Dahinter können sich ebenso (verarbeitete) Sojaprodukte verstecken wie hinter dem Kürzel „E322".

Fazit

Ob es sich um eine gesunde Alternative oder eine geschickte Marketingstrategie handelt, sei dahingestellt. Fakt ist: Eine ausgewogene, vegane Ernährung ist auch ohne Soja möglich. Veganern stehen eine Vielzahl an proteinreichen Alternativen wie beispielsweise Chia-Samen, Hülsenfrüchte und Hanfnüsse zur Verfügung.

Wir zeigen Ihnen, dass Sie Ihren Speiseplan auch ohne Soja abwechslungsreich, kreativ und schmackhaft gestalten können.

Unser tägliches Brot

Weizen ist das weltweit beliebteste Getreide, jedoch hat das Korn mit der ursprünglichen Pflanze nur noch wenig gemein. Weizen wurde auf Ertragmaximierung gezüchtet, der Fokus liegt also auf schnellem Wachstum, Schädlingsresistenz und guten Backeigenschaften. Für Letzteres wurde der Glutengehalt von fünf auf fünfzig Prozent erhöht. Dr. William Davis (Autor des Buches Wheat Belly) ist davon überzeugt, dass sich unser Verdauungssystem an den erhöhten Weizenklebergehalt nicht anpassen konnte, und sieht daher in Weizen den Grund für Übergewicht und alle damit verbundenen Symptome wie Diabetes, Herz-, Darm- und Hautkrankheiten. Laut Dr. Davis übersteigt der glykämische Index von Weizen bei Weitem dem eines Schokoladenriegels.

Zöliakie, eine chronische Darmentzündung, betrifft immer mehr Menschen. Glutenfreie Alternativen sind mittlerweile im Supermarkt erhältlich und werden beispielsweise auf der Basis von Mais, Reis, Buchweizen, Maronen, Kokos, Quinoa oder Amarant hergestellt.

Hanfdrink

DIE PRODUKTION

Neben diversen Milchalternativen auf der Grundlage von Kokos, Getreide und Nüssen stellt der Hanfdrink eine besondere Alternative dar. Er besteht lediglich aus gekeimten Hanfsamen und Wasser. Pro Hektar Anbaufläche sind 600 bis 1000 kg Hanfsamen zu erwarten. Aus 100 kg Hanfsamen werden ca. 600 l Hanfdrink gewonnen.

Der gereinigte Hanfsamen wird eingeweicht, bevor die gekeimten Samen mit reinem Quellwasser vermahlen werden. In weiterer Folge wird die „Hanfmaische" – ähnlich wie beim Bierbrauen – erhitzt. Der schonende Prozess dauert zwei Tage. Die weiße Farbe des Trinkhanfs entsteht ohne Einsatz von Zusatzstoffen, nur durch das langsame Rühren und durch geschickte, patentierte Temperaturführung.

Der übrig gebliebene Presskuchen wird zu Brot- und Backwaren verarbeitet und eignet sich als hochwertiger Kompost.

Die gesundheitlichen Vorteile von Hanfdrink

Neben anderen mehrfach ungesättigten Fettsäuren enthält der Hanfdrink Gamma-Linolensäure, welche sonst nur in der Muttermilch vorkommt und eine wichtige Rolle in der Zellerneuerung spielt, Entzündungen mindert und das Hautbild reinigt. Ein täglicher Konsum von 500 ml Hanfdrink beugt der Verengung der Blutgefäße vor, weil sich die Blutfettwerte verbessern. Das Herzinfarktrisiko sinkt bei regelmäßigem Konsum um bemerkenswerte 15 bis 20 %, wie eine Studie in Zusammenarbeit mit der Salzburger Universitätsklinik wissenschaftlich bestätigt hat.

Hilfreiche Infos zu den Rezepten

DIE MENGENANGABEN

EL = Esslöffel
TL = Teelöffel
kg = Kilogramm
g = Gramm
l = Liter
ml = Milliliter
Msp = Messerspitze

Alternativen

Der Zusatz „vegan/pflanzlich" kommt nur in den Zutatenlisten vor und wird zugunsten der besseren Lesbarkeit im Rezept nicht nochmals erwähnt.
Die pflanzliche Milchalternative ist auf Reis-, Kokos-, Mandel-, Haselnuss-, Quinoa-, Hanf- und Hirse-Basis erhältlich.

Wir persönlich empfehlen, sowohl auf die biologische Erzeugung als auch – wenn möglich – auf regionale Anbaugebiete zu achten.

Bitte berücksichtigen Sie, dass sowohl Mandel- als auch Haselnussdrinks über eine spezielle Eigensüße sowie einen besonders nussigen Geschmack verfügen.

Pflanzliches Schlagobers (Sahne) wird auf Reis- und Kokosbasis angeboten und lässt sich wunderbar aufschlagen.

Pflanzliche Cuisine auf Reisbasis eignet sich besonders gut zum Verfeinern von Suppen.

Die vegane Butter unterscheidet sich in Konsistenz, Form und Geschmack kaum von der Kuhmilchbutter und besteht, wie auch veganer Käse, zum Großteil aus verschiedenen pflanzlichen Ölen.

Worauf Sie beim Einkauf achten sollten – vegane Fallen

Tierleid, Soja und Gluten sind in vielen Lebensmitteln versteckt. Hier eine kleine Aufstellung, welche Zutaten sich in den verwendeten Produkten verstecken können:

› GEMÜSEBRÜHE: Milchpulver, Milchsäure, Rinderfett, Molke, Gluten

› WEISSWEIN: Weißwein wird oft durch Fischblasen, Gelatine oder Eiklar geklärt

› NUDELN: Ei, Gluten

› CURRYPASTE: Sojasoße

› ZARTBITTERSCHOKOLADE: Butterreinfett, Molkepulver, Milchpulver, Sojalecithin

Biologische Produkte

Wir persönlich empfehlen, wenn möglich auf biologisch erzeugte Produkte zurückzugreifen. Bei Zitrusfrüchten weisen wir explizit auf Bioqualität hin, da die Schale zum Verzehr verwendet wird.

Süße Birkenrinde

XYLIT, auch Birkenzucker genannt, wird aus den nährstoffreichen Fasern der Birkenrinde gewonnen und kommt beispielsweise auch in verschiedenen Obst- und Gemüsesorten vor.

Birkenzucker eignet sich sehr gut zum Backen und Süßen von Desserts. Er kann 1:1 anstelle von herkömmlichem Zucker verwendet werden.

Xylit wird, anders als konventioneller Zucker, nicht von Kariesbakterien verwertet, regt den Speichelfluss an und fördert aktiv die Kalziumeinlagerung in den Zähnen. Zudem liegt der glykämische Index unter zehn, wodurch der Blutzuckerspiegel durch den Konsum kaum beeinflusst wird – eine echte Alternative.

Produktempfehlungen

Die von uns empfohlenen Produkte wurden gewissenhaft getestet und waren zum Zeitpunkt der Recherche sowohl vegan also auch soja- und glutenfrei. Eventuelle Rezepturänderungen vorbehalten.

PFLANZLICHE BUTTER: www.alsan.de

SCHOKOLADE UND SALATMAYONNAISE: www.naturata.de

ROHE KAKAOBUTTER UND ROHER KAKAO: www.rohschoko.de

HANFDRINK: www.hanfmilch.at

XYLIT/BIRKENZUCKER: www.birkengold.at

GLUTENFREIE LASAGNEBLÄTTER: www.3pauly.de

KOKOSFETT UND KOKOSMILCH: www.drgoerg.com

MAKAO: www.pureraw.de

GLUTENFREIE MEHLMISCHUNGEN: www.schaer.com

Verwendete Geräte

BIANCO HOCHLEISTUNGSMIXER

Für wirklich cremige Smoothies sind Hochleistungsmixer ein Muss. Mit dem BIANCO sind sie im Handumdrehen zubereitet, schmecken köstlich und versorgen Sie mit den lebenswichtigen Nährstoffen, um die täglichen Herausforderungen meistern zu können. www.bianco-power.com

KERAMIKMESSER

Beim Schneiden mit Stahlklingen werden oft Metall-Ionen auf die Nahrungsmittel übertragen. Keramik ist geschmacksneutral und korrosionsfrei, folglich werden Stoffübertragungen vermieden. Die Härte der Klinge wird von keinem Stahlmesser übertroffen, und diese muss weniger oft nachgeschliffen werden. Das Messer eignet sich also ideal zur Lebensmittelzubereitung in der Rohkostküche.

SPIRALSCHNEIDER

Ein toller Küchenhelfer um köstliche Gemüsespaghetti zu zaubern. Zum Beispiel von den Firmen GEFU oder LURCH.

DÖRRER

In der Rohkostküche kann man mit einem Dörrautomaten viele Köstlichkeiten herstellen. Die Temperatur ist regelbar, und die Lebensmittel können schonend bei max. 40° C getrocknet werden. So haben sie immer noch Rohkostqualität. Dörrgeräte gibt es im Handel.

*Die höchste Form des Glücks
ist ein Leben mit einem
gewissen Grad an Verrücktheit.*

Erasmus von Rotterdam

Schlückchen-weise Wohlbefinden

· SMOOTHIES ·

Spinat-Löwe

– Get your Greens in –

ZUTATEN:

› 2 Handvoll Spinat
› Löwenzahnblätter
› 1 Banane
› ½ (geschälte) Zitrone
› 3 (geschälte) Orangen
› 3–4 Datteln zum Süßen
› ca. 300 ml Wasser

ZUBEREITUNG:

1. Alle Zutaten im Mixer fein glatt pürieren.

Wunderbarer „Einsteiger"- Smoothie!

Achillea Musa
– Grüne Liebe im Glas –

ZUTATEN:

› ca. 100 g Pflücksalat
› eine Handvoll Schafgarbe (Blätter und Blüten)
› 2 Bananen
› ½ (geschälte) Zitrone
› Wasser

ZUBEREITUNG:

› Alle Zutaten im Mixer fein glatt pürieren.

Sanft auf der Zunge und ganz leicht herb durch die Schafgarbe.

Green Pineapple

– für das Urlaubsfeeling am Nachmittag –

ZUTATEN:

› Romasalat
› ½ Ananas (reif!)
› ½ (geschälte) Zitrone
› Wasser

ZUBEREITUNG:

› Alle Zutaten im Mixer fein glatt pürieren.

Grüne Smoothies sind perfekte Mahlzeiten zum Mitnehmen! Einfach nach Gusto zubereiten, abfüllen – und los geht's!

PERSISCHER EHRENPREIS

GUNDERMANN

SALBEI

ALOE VERA

BABYSPINAT

Cremig-herber Smoothie

– ein kräftiger Schluck Kräuterpower –

ZUTATEN:

› 1 Handvoll frischer Babyspinat

› 1 Handvoll frische, junge Johannisbeerblätter

› (Wild-) Kräuter (z.B. je 5–6 Blatt Persischer Ehrenpreis, Gundermann, Salbei)

› 1 daumengroßes Stück Aloe Vera

› 1 (geschälte) Zitrone

› ½ Ananas (reif!)

› 1 kleine Avocado

› ca. 250 ml Wasser

ZUBEREITUNG:

› Alle Zutaten im Mixer fein glatt pürieren.

Herbe Smoothie-Mischung mit reichlich Bitterstoffen.

Der Rotpockige

– für einen energiegeladenen Start in den Tag –

ZUTATEN:

› 2 Orangen

› ½ (geschälte) Zitrone ohne Schale

› 1 Banane

› 2 Pfirsiche (entkernt)

› Pflücksalat

› Wasser

ZUBEREITUNG:

› Alle Zutaten im Mixer fein glatt pürieren.

Ein grüner Smoothie ist schnell zubereitet und liefert Mineral- und Nährstoffe in Hochkonzentration.

Karotten-Ingwer-Saft

– Wachmacher –

ZUTATEN:

› 500 g frische Karotten

› 1 EL Zitronensaft

› ca. 20 g Ingwer

› 1 Prise Pfeffer

ZUBEREITUNG:

1. Die Karotten entsaften.

2. Den Ingwer entsaften.

3. Den Karottensaft mit Ingwersaft und Zitronen-saft vermischen.

4. Mit einer Prise Pfeffer bestäuben.

Der Saft ist recht scharf. Wer das nicht so gerne mag, nimmt einfach weniger Ingwer.

53

Apfel-Überraschungen

– fruchtiges Vergnügen –

ZUTATEN:

› große Äpfel zum Aushöhlen
› Äpfel für 1 l frischen Apfelsaft
› Kardamompulver, Zimt (Menge nach Geschmack)
› Obstsalat aus Früchten der Saison

ZUBEREITUNG:

1. Von den großen Äpfeln einen Deckel abschneiden und vorsichtig aushöhlen.

2. Die restlichen Äpfel entsaften und mit den Gewürzen zu einem erfrischenden Getränk vermischen.

3. Aus den Früchten der Saison einen köstlichen Obstsalat zaubern.

4. Den Saft und den Obstsalat in die ausgehöhlten Äpfel füllen, das Getränk mit einer Zimtstange garnieren.

5. Den Apfeldeckel auflegen und in der Sonne genießen.

6. Zum Schluss das Apfelgefäß verzehren

An apple a day keeps the doctor away!

Mango-Hanf-Drink

— sonnig-gelber Powerdrink —

ZUTATEN:

› 250 ml Hanfmilch
› ½ Mango
› 2 EL Chiasamen

ZUBEREITUNG:

1. Die Chiasamen in etwas Wasser einweichen.

2. Die Mango schälen und Fruchtfleisch vom Kern lösen.

3. Mango anschließend zusammen mit der Hanfmilch fein pürieren.

4. Die Chiasamen hinzugeben und am besten kalt servieren.

Hanf ist ein Superfood. Seine hohe und ausgewogene Nähr- und Vitalstoffdichte machen ihn außergewöhnlich.

HANFSAMEN

Erdbeer-Mandel-Smoothie

– süßer Gaumenschmeichler –

ZUTATEN:

› 150 g Erdbeeren
› 150 ml Mandelmilch
› 2 EL Mandelmus

ZUBEREITUNG:

1. Die Erdbeeren waschen, die Fruchtblätter entfernen.

2. Alle Zutaten im Mixer fein pürieren.

Das Mandelmus macht diesen Smoothie besonders cremig – ein wahrer Gaumen-schmeichler!

57

Bananenmilch

– milchschaumiger Genuss –

ZUTATEN:

› 3 reife Bananen
› 250 ml Reismilch
› 250 ml Mandelmilch

ZUBEREITUNG:

1. Die Bananen schälen und in große Stücke schneiden.

2. Diese zusammen mit der Reis- und Mandelmilch gut pürieren oder im Mixer zerkleinern.

3. Kalt servieren.

„Bananenmilch gab es bei uns Kindern nur sehr selten, aber wenn, dann haben wir die schaumige, süße Milch umso mehr genossen!"
Daniela

58

Mandel Chai Latte

— ein cremiges Vergnügen —

ZUTATEN:

› 3 EL Schwarztee

› 2 Nelken

› 1 Prise gemahlener Ingwer

› 1 Prise gemahlener Kardamom

› 1 Prise Vanillezucker

› Zucker

› 200 ml Wasser

› 300 ml Mandelmilch

ZUBEREITUNG:

1. Das Wasser zusammen mit dem Tee und den Gewürzen zum Kochen bringen und anschließend ca. zehn Minuten lang leicht wallen lassen.

2. Den Tee nach Belieben süßen und durch ein feines Sieb abseihen.

3. Mit der Mandelmilch vermengen, schaumig rühren und heiß servieren.

„Cremiger Chai Latte zaubert mir immer ein Lächeln ins Gesicht!"
Daniela

Würziger Kakao

— ein heißes Vergnügen —

ZUTATEN:

› 500 ml Mandelmilch

› 2 Sternanis

› 2 Gewürznelken

› 1 TL Fenchelsamen

› 3 EL Zucker

› 25 g Zartbitterschokolade

› Zimt

› Chili

› 1 Vanilleschote

› 50 ml Reissahne

Kakao macht einfach glücklich – in jeder Lebenslage!

ZUBEREITUNG:

1. Die Mandelmilch zusammen mit den Sternanis, den Nelken, den Fenchelsamen, dem Zucker sowie einer Prise Zimt und Chili zum Kochen bringen.

2. Die Vanilleschote halbieren, das Mark mit einem Messer herauskratzen und ebenfalls in die Milch geben.

3. Die Zartbitterschokolade hinzugeben und leicht köcheln lassen, bis diese vollständig geschmolzen ist.

4. In der Zwischenzeit die Reissahne steif schlagen.

5. Den Kakao durch ein feines Sieb in Tassen füllen, mit Reissahne garnieren und heiß servieren.

Cremiger Mandelmilch- shake

– Wellness im Glas –

ZUTATEN:

› 750 ml Wasser

› 5 EL Mandelmus

› 2 Msp Vanillemark

› 3 reife Bananen (geschält)

› Süße nach Belieben, z.B. Agavendicksaft

ZUBEREITUNG:

› Alle Zutaten in einen Hochleistungsmixer geben und so lange mixen, bis keine Stückchen mehr vorhanden sind.

Bereiten Sie sich den Drink an heißen Sommertagen zu, geben Sie eine ordentliche Ladung Eiswürfel und einen wunderschönen Strohhalm dazu – und ab auf den Liegestuhl. Verwöhn- feeling pur!

Makao-Drink

– für Wohlfühlmomente in Alltag –

ZUTATEN:

› 250–300 ml Wasser

› 1 EL rohes Mandelpüree

› 1 EL Agavendicksaft

› 3 TL Makao-Pulver

ZUBEREITUNG:

› Alle Zutaten im Mixer vermischen.

TIPP:
Lässt sich im Winter wunderbar als
„heißer Kakao" trinken. Dazu den Makao-Drink
langsam bis max. 40° C erwärmen (die heißere
Variante ist dann nicht mehr rohköstlich).

*Makao ist eine
Mischung aus stärken-
den, anregenden und
ausgleichenden Super-
foods: Kakao, Maca,
Lucuma, Carob und
Vanille.*

MACA

LUCUMA

CAROB

63

Sonnentrunk
— bitter-sweet summer feeling —

ZUTATEN:

› 1 (geschälte) Orange
› 1 (geschälte) Grapefruit
› ½ EL Kokosöl
› 1 EL Chiasamen
› Wasser nach Belieben

ZUBEREITUNG:

1. Die Chiasamen ein bis zwei Stunden quellen lassen.

2. Alle Zutaten zusammen in den Mixer geben und vermischen.

Trinken Sie den Sonnentrunk zügig nach der Zubereitung aus. Es verflüchtigen sich nicht nur wertvolle Vitamine, je länger er steht, sondern er nimmt auch an Bitterkeit zu.

Grüntee-Pflaumen-Smoothie

– säuerlich köstlich –

ZUTATEN:

› 300 ml grüner Tee

› 150 g gelbe Pflaumen

› ca. ¼–½ TL Pflaumenmus-Gewürz

› Süße nach Belieben

ZUBEREITUNG:

1. Den grünen Tee nach Herstellerhinweis zubereiten.

2. Abkühlen lassen.

3. Den Tee zusammen mit den Pflaumen und dem Gewürz in den Mixer geben und glatt pürieren.

4. Bei Bedarf süßen.

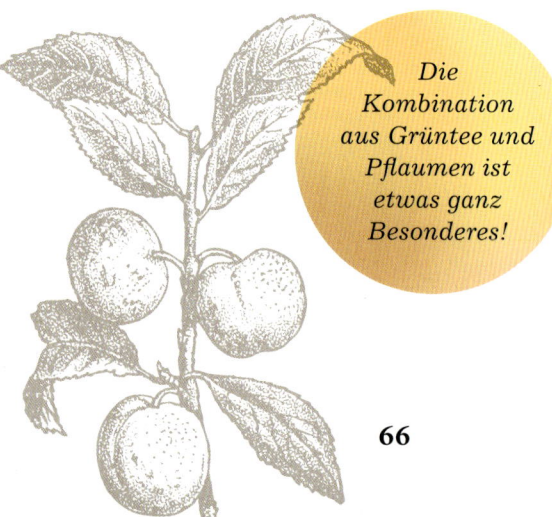

Die Kombination aus Grüntee und Pflaumen ist etwas ganz Besonderes!

Holunderblüten-Limonen-Erfrischungsdrink

– Trank für die Götter –

ZUTATEN (PRO 200 ML GLAS):

› ½ Limone
› 1 Scheibe Ingwer
› 2 EL Holunderblütensirup
› Sprudelwasser

ZUBEREITUNG:

1. Die halbe Limone vierteln.

2. Die Ingwerscheibe klein schneiden.

3. Limone und Ingwerstückchen zusammen in ein Longdrinkglas geben.

4. Den Sirup hinzufügen.

5. Mit einem stumpfen Stab die Limonen etwas quetschen, damit Saft austritt.

6. Gut verrühren.

7. Mit Sprudelwasser aufgießen.

„Im Holunder, da wohnen die Götter!" Ein alter Spruch unserer Vorfahren. Wenn man diesen Drink eiskalt genießt, weiß man auch, warum die alten Gottheiten sich im Holunderstrauch so wohlgefühlt haben. Die Blüten sind einfach köstlich! Wenn Ihnen frische Holunderblüten zur Verfügung stehen, probieren Sie diese unbedingt in diesem Drink aus! Dazu die Blüten mit dem Aufgießwasser mixen und den Sirup weglassen.

Es ist schwer, das Glück
in uns zu finden, und
es ist ganz unmöglich,
es anderswo zu finden.

Nicolas Chamfort

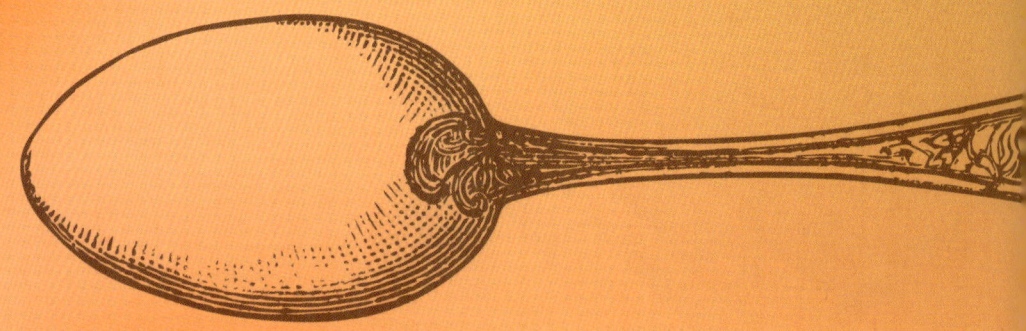

Löffelweise Glück

· SUPPEN ·

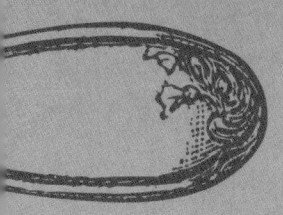

Gazpacho
— erfrischend lecker —

ZUTATEN:

› 1 kg Tomaten

› 60 g Gurke (geschält)

› 60 g rote Paprika

› 25 g Zwiebeln (mild)

› 2 Knoblauchzehen

› 160 g Olivenöl

› 60 g Apfelessig

› 2 EL Agavendicksaft

› 1 TL Salz

› Pfeffer

› kleine Handvoll frische Basilikumblätter

Diese kalte Suppe ist der Hit an heißen Sommertagen.

ZUBEREITUNG:

1. Die Tomaten im Hochleistungsmixer zu Saft verarbeiten.

2. Die restlichen Zutaten bis auf die Gewürze und das Basilikum dazugeben und so lange mixen, bis keine Stückchen mehr vorhanden sind.

3. Mit Salz und Pfeffer abschmecken.

4. Die Basilikumblätter zerkleinern und dazugeben.

Linsen-Dhalsuppe

– ein exotischer Löffel voll Glück –

ZUTATEN:

› 100 g rote Linsen
› 1 mittelgroße Zwiebel
› 1 Dose gewürfelte Tomaten
› 250 ml Gemüsebrühe
› 250 ml Kokosmilch
› 1 EL Garam-masala-Würzmischung
› Öl

ZUBEREITUNG:

1. Die Linsen in eine Schüssel geben und unter kaltem Wasser mehrmals spülen.

2. Die Zwiebel schälen, würfeln und gemeinsam mit den Linsen sowie dem Garam masala in etwas Öl anbraten.

3. Die Tomaten hinzufügen, alles mit Gemüsebrühe und Kokosmilch aufgießen und kurz aufkochen lassen.

4. Die Suppe noch weitere zehn Minuten köcheln lassen, bis die Linsen weich sind.

Ein Hauch Exotik gegen nasskalte, graue Tage!

Frisches Erbsen-Minzsüppchen
– für Löffelabschlecker –

ZUTATEN:

› 300 g Tiefkühlerbsen
› 500 ml Gemüsebrühe
› 30 g frische Minze
› 1 kleine Zwiebel
› 100 ml Reissahne
› Öl

ZUBEREITUNG:

1. Die Zwiebel schälen, fein hacken und in etwas Öl anbraten.

2. Mit Gemüsebrühe ablöschen. Die Erbsen hinzufügen, kurz aufkochen und ca. zehn Minuten leicht köcheln lassen.

3. Die Sahne sowie die gehackte Minze hinzugeben und alles mit dem Pürierstab/im Mixer fein pürieren.

Keine Energie, um lange am Herd zu stehen? Dann ist dieses schnelle, frische Süppchen ideal für Sie!

75

Erbseneintopf

– für wohlige Wärme an ungemütlichen Tagen –

ZUTATEN:

› 1 Zwiebel

› 500 g grüne, getrocknete Schälerbsen

› 3 Kartoffeln

› 1 kleine Sellerieknolle

› 500 ml Gemüsebrühe

› Muskatnuss

› Salz

› Pfeffer

› Lorbeerblatt

› Öl

Erbseneintopf wärmt immer – ganz egal, wie ungemütlich es draußen sein mag!

ZUBEREITUNG:

1. Die Zwiebel, die Sellerie sowie die Kartoffeln schälen, fein würfeln und in etwas Öl anbraten.

2. Mit Gemüsebrühe aufgießen, die Erbsen sowie ein Lorbeerblatt hinzugeben und ca. 45 Minuten lang leicht köcheln.

3. Abschließend das Lorbeerblatt entfernen und den Eintopf mit etwas geriebener Muskatnuss, Salz und Pfeffer abschmecken.

Scharf und farbenfroh – da sieht die Welt gleich viel freundlicher aus!

Karotten-Ingwer-Suppe

– scharf, farbenfroh und gut gelaunt –

ZUTATEN:

› 250 g Karotten
› 1 große Zwiebel
› 1 kleines Stück Ingwer
› 250 ml Gemüsebrühe
› Muskatnuss
› Öl

ZUBEREITUNG:

1. Die Zwiebel schälen, fein würfeln und die Karotten reiben.

2. Zwiebel und Karotten in etwas Öl anbraten und mit Gemüsebrühe ablöschen.

3. Den Ingwer (Menge nach Geschmack) fein reiben und hinzufügen.

4. 15 Minuten lang köcheln lassen, anschließend pürieren und mit geriebener Muskatnuss abschmecken.

Zitronengras-Kokos-Suppe

– Urlaubsfeeling einfach selbst gemacht –

ZUTATEN:

› 7 Stangen Zitronengras
› 1 haselnussgroßes Stück Ingwer
› 2 Kartoffeln
› 1 Zwiebel
› 400 ml Gemüsebrühe
› 100 ml Kokosmilch

› Kurkuma (Pulver)
› Chilipulver
› Kardamom (Pulver)
› Koriander (Pulver)
› Salz
› Kokosöl

ZUBEREITUNG:

1. Die Zwiebel schälen und fein würfeln, das Zitronengras in Ringe schneiden und beides in etwas Kokosöl anbraten.

2. Die Kartoffeln und das Ingwerstück schälen, fein reiben und ebenso kurz mitbraten.

3. Mit Gemüsebrühe und Kokosmilch ablöschen.

4. Fünfzehn Minuten lang kochen und anschließend pürieren.

5. Die Suppe durch ein feines Sieb abseihen, um faserige Zitronengrasstücke zu entfernen.

6. Anschließend jeweils einen halben Teelöffel Kurkuma, Kardamom, Koriander sowie ein Prise Chili hinzugeben und die Suppe mit Salz abschmecken.

7. Heiß servieren.

Ebbe in der Urlaubskasse? Mit dieser Suppe hören Sie auch so das Meer rauschen und fühlen den warmen Sand zwischen Ihren Zehen!

Rote Beete Süppchen

– sinnliches Entzücken –

ZUTATEN

› 300 g Rote Beete, vorgegart
› 1 kleine Zwiebel
› 1 kleiner Apfel
› 250 ml Gemüsebrühe
› 50 ml Reissahne
› 50 g Meerrettich
› Öl

ZUBEREITUNG:

1. Die Zwiebel und den Apfel schälen und ebenso wie die Roten Beete in feine Würfel schneiden.

2. Alles zusammen in etwas Öl anbraten, mit der Gemüsebrühe ablöschen und ca. zehn Minuten lang köcheln lassen.

3. Währenddessen den Meerrettich reiben.

4. Die Suppe pürieren, mit der Sahne verfeinern und mit dem frischen Meerrettich garnieren.

Pure Farbenpracht – tauchen Sie ein in das tiefe, kräftige Violett.

Kürbissuppe
– wunderbar warm –

ZUTATEN:

› 1 Zwiebel

› vegane Butter

› 1 Hokkaido-Kürbis

› 500 ml Gemüsebrühe

› Salz

› Pfeffer

› geriebene Muskatnuss

› Kürbiskernöl

› Kürbiskerne

So schmeckt der Herbst – deftig und farbenfroh!

ZUBEREITUNG:

1. Die Zwiebel schälen, fein würfeln und in Butter anschwitzen.

2. Den Kürbis vom Strunk sowie vom Kerngehäuse befreien, in kleine Stücke schneiden und hinzugeben.

3. Mit der Gemüsebrühe aufgießen und so lange kochen, bis der Kürbis weich ist.

4. Danach im Mixer oder mit dem Pürierstab fein pürieren.

5. Die Suppe mit Salz, Pfeffer und geriebener Muskatnuss abschmecken. Zuletzt mit einem Schuss Kürbiskernöl sowie einigen Kürbiskernen garnieren.

Wo immer das Glück sich aufhält –
hoffe, ebenfalls dort zu sein.
Wo immer jemand freundlich lächelt,
hoffe, dass sein Lächeln dir gilt.
Wo immer die Sonne aus den Wolken hervorbricht,
hoffe, dass sie besonders für dich scheint.
Damit jeder Tag deines Lebens so hell
wie nur möglich sei.

Irischer Segenswunsch

Knackfrisches Hochgefühl

· SALATE ·

Sauerklee-Tomaten

— sauer macht lustig —

ZUTATEN:

› 1 Handvoll Sauerklee
› 1 Handvoll Cherrytomaten
› Zitronensaft
› Olivenöl
› Pfeffer
› Öl

ZUBEREITUNG:

1. Den Sauerklee und die Tomaten waschen.

2. Die Tomaten halbieren und mit dem Sauerklee vermengen.

3. Mit etwas Zitronensaft, Olivenöl, Salz und Pfeffer abschmecken.

Sauerklee wächst auf saurem Waldboden und schmeckt so wie sein Name. Sauer macht lustig!

87

Avocado-Paprika-Tomaten-Salat

— cremig und knackig zugleich —

ZUTATEN:

› 1 Avocado

› 1 gelbe Paprika

› 2–3 Tomaten

› 1 EL neutrales Öl (z.B. Sonnenblumenöl)

› Salz

ZUBEREITUNG:

1. Die Paprika würfeln.

2. Die Avocado würfeln.

3. Die Tomate würfeln.

4. Das Öl hinzufügen und alles miteinander vermischen.

5. Mit Salz abschmecken.

„Mein absoluter Lieblingssalat!"
Miri

88

Kichererbsen-Zitronen-Salat
— frische Heiterkeit —

ZUTATEN:

› 200 g Kichererbsen aus dem Glas

› 1 Bio-Zitrone

› 1 Bund Zitronenmelisse

› Salz

› Pfeffer

› Olivenöl

ZUBEREITUNG:

1. Die Kichererbsen unter kaltem Wasser gut abspülen.

2. Die Zitronenmelisse ebenfalls waschen, fein hacken und mit den Kichererbsen vermengen.

3. Die Schale der Zitrone fein reiben und ebenso hinzufügen. Anschließend den Salat mit dem Saft der Zitrone und etwas Olivenöl anrichten.

4. Mit Salz und Pfeffer abschmecken und servieren.

Frisch und sättigend – ideal für heiße Sommertage!

89

ZITRONENMELISSE

Orangen-Fenchel-Salat

— aromatisch und fruchtig —

ZUTATEN:

› 1 Orange
› 1 kleine Fenchelknolle
› 1 Handvoll Feldsalat
› 3 EL Kürbiskerne
› 1 EL Hanfsamen
› Kürbiskernöl
› Zitronensaft
› Salz
› Pfeffer

Energie, Frische und Farbe – was will man mehr?

ZUBEREITUNG:

1. Den Feldsalat waschen.

2. Die Fenchelknolle putzen und in feine Scheiben schneiden.

3. Danach die Orange schälen und filetieren.

4. Alle Zutaten in eine große Schüssel geben und mit den Hanf-samen sowie Kürbiskernen vermengen.

5. Mit Kürbiskernöl, Zitronensaft, Salz und Pfeffer abschmecken.

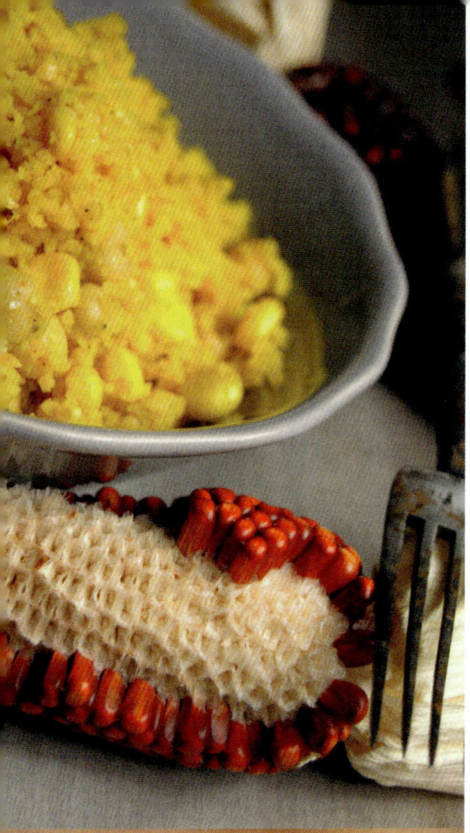

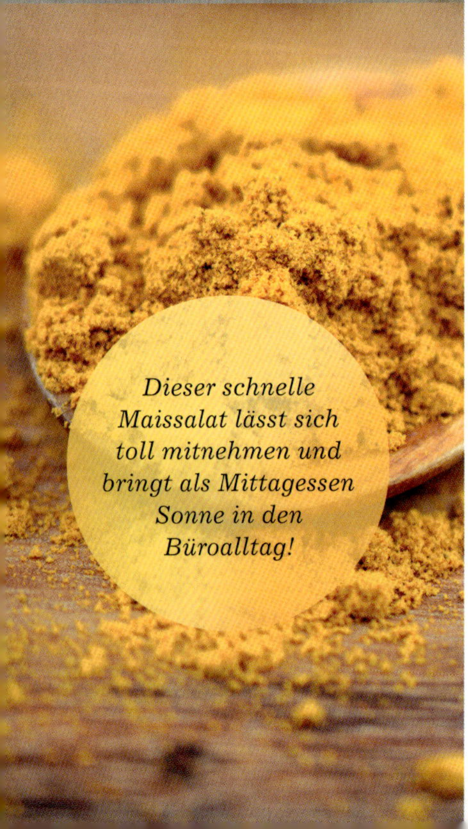
Dieser schnelle Maissalat lässt sich toll mitnehmen und bringt als Mittagessen Sonne in den Büroalltag!

ZUCKERFREI – NUSSFREI

Sonniger Maissalat

– Sonne für unterwegs –

ZUTATEN:

- 200 g Mais-Couscous
- 100 g gekochter Mais aus dem Glas
- 200 g Gemüsebrühe
- 1 EL Madras Currypulver
- 1 TL Kreuzkümmel gemahlen
- Saft einer Zitrone
- Salz
- Pfeffer
- Öl

ZUBEREITUNG:

1. Den Couscous in eine große Schüssel geben und mit der kochenden Gemüsebrühe übergießen.
2. Drei Minuten quellen lassen, anschließend mit einer Gabel auflockern und den Mais hinzugeben.
3. Mit Curry und Kreuzkümmel würzen.
4. Abschließend mit dem Saft der Zitrone, Öl, Salz und Pfeffer abschmecken.

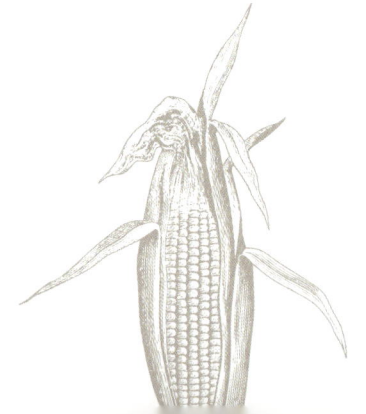

Warmer Pilzsalat
— wohliger Herzwärmer —

ZUTATEN:

› 2 Handvoll Feldsalat

› 200 g braune Champignons

› 1 Zwiebel

› 1 Handvoll gehackte Walnüsse

› Salz

› Pfeffer

› Balsamico-Creme

› Walnussöl

ZUBEREITUNG:

1. Den Feldsalat gut waschen.

2. Anschließend die Zwiebel schälen und fein würfeln.

3. Die Champignons putzen, halbieren und in feine Scheiben schneiden.

4. In einer Pfanne etwas Walnussöl erhitzen und die Zwiebelwürfel sowie die Champignons darin anbraten.

5. Den Feldsalat kurz mitschwenken.

6. Mit Balsamico-Creme, Salz und Pfeffer abschmecken, mit den gehackten Nüssen garnieren und servieren.

Dieser Salat wärmt an kalten, nassen Herbsttagen nicht nur den Körper!

93

Bunter Nudelsalat

– Nudelsalat macht immer glücklich –

ZUTATEN:

› 150 g glutenfreie Nudeln

› 100 g gekochter Mais aus dem Glas

› 100 g gekochte Erbsen aus dem Glas

› 5 große Essiggurken

› 1 Handvoll Cocktailtomaten

› vegane Salatmayonnaise

› 1 Zitrone

› Öl

› Salz

› Pfeffer

Ein bunter Nudelsalat ist in seiner Farbenpracht eine wahre Augenweide!

ZUBEREITUNG:

1. Die Nudeln in Salzwasser al dente kochen.

2. In der Zwischenzeit die Cocktailtomaten halbieren und die Essiggurken in feine Würfel schneiden.

3. Den Mais und die Erbsen gut abspülen und zusammen mit den Essiggurken und Tomaten in eine große Schüssel geben.

4. Die Nudeln abseihen und ebenfalls mit dem Gemüse vermengen.

5. Die Zitrone auspressen und den Saft mit Öl sowie der Salatmayonnaise zu einer Marinade vermengen.

6. Diese mit Salz und Pfeffer abschmecken, alles gut vermischen und servieren.

Rosenkohl-Salat
– grünes Winterhighlight –

ZUTATEN (FÜR CA. 4 PERSONEN):

› ½ Rosenkohl
› ca. 100 g Walnüsse/Haselnüsse
› Für das Dressing:
› 2 EL Olivenöl
› 2 EL (roher) Apfelessig
› 1 EL Honig oder Agavendicksaft
› Salz
› Pfeffer oder Papayapfeffer

ZUBEREITUNG:

1. Den Ansatz des Rosenkohls abschneiden und die Blättchen abzupfen.

2. Die Nüsse hacken.

3. Die Zutaten für das Dressing vermischen und mit Pfeffer und Salz abschmecken.

4. Die Rosenkohlblättchen im Dressing ca. eine Stunde marinieren lassen und vor dem Servieren mit den Nüsschen vermischen.

Besonders schön ist der Salat mit Auberginen-Dattelröllchen (S. 164) serviert.

Hier hat man einfach Sommer auf dem Teller!

Süßer Ruccola-Tomaten-Salat mit Datteln

— so schmeckt der Sommer —

ZUTATEN (PRO PORTION):

› Rucola

› 1 Fleischtomate

› 2–3 getrocknete Tomaten

› 1–2 Datteln

› 1 TL Hefeflocken

› 1 EL Paranüsse oder geschälte Hanfsamen

› 4–5 Basilikumblättchen

› ¼ einer kleinen Zwiebel

› Salz

› Pfeffer

› 2 EL Olivenöl

› veganer Balsamico-Essig (nach Bedarf)

ZUBEREITUNG:

1. Rucola waschen und abtropfen lassen. Auf einem Teller anrichten.

2. Die Fleischtomate in Scheiben schneiden und auf dem Salatbett verteilen.

3. Die getrockneten Tomaten, die Dattel und die Zwiebel fein würfeln. Vermischen.

4. Mit Olivenöl, Salz und Pfeffer abschmecken und auf den Tomatenscheiben verteilen.

5. Paranüsse bzw. Hanfsamen mit den Hefefocken vermengen, über dem Salat verteilen.

6. Nach Bedarf mit Balsamico-Essig beträufeln.

Wenn wir Freude am Leben haben,
kommen die Glücksmomente von selber.

Ernst Ferstl

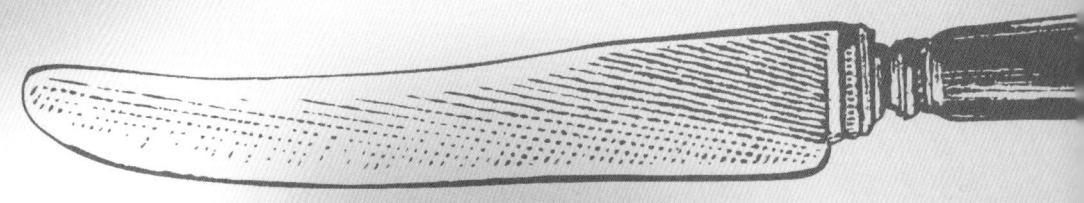

Cremige Seelenstreichler

· AUFSTRICHE ·

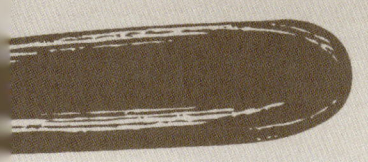

Salbeibutter

— wie ein sonniger Tag am Mittelmeer —

ZUTATEN:

› 200 g zimmerwarme vegane Butter
› 2 Bund Salbei
› geriebener bunter Pfeffer
› Salz

ZUBEREITUNG:

1. Den Salbei waschen und die Blätter fein hacken.

2. Zusammen mit der Butter pürieren und mit Salz und Pfeffer abschmecken.

3. Die Salbeibutter in kleine Silikonförmchen abfüllen und kaltstellen.

Die Salbeibutter kann auch problemlos eingefroren werden und sowohl zum Kochen als auch als Brotaufstrich verwendet werden.

KICHERERBSEN

Cremiger Hummus zaubert Löffel für Löffel Wohlbefinden!

Hummus
– zergeht auf der Zunge –

ZUTATEN:

› 250 g Kichererbsen aus dem Glas
› 3 EL Sesampaste (Tahina)
› 7 EL Olivenöl
› 2 kleine Knoblauchzehen
› Saft einer ½ Zitrone
› Salz
› Pfeffer

ZUBEREITUNG:

1. Die Kichererbsen im Mixer oder mit dem Pürierstab zerkleinern.

2. Währenddessen langsam das Olivenöl und den Saft der halben Zitrone hinzugeben.

3. Die Knoblauchzehen schälen, pressen und daruntermischen.

4. Die Sesampaste unterrühren und mit Salz und Pfeffer abschmecken.

Vogelmiere-Butterbrot

– frisches Frühlingsgrün –

ZUTATEN:

› Brotscheiben

› vegane Butter

› Vogelmiere

ZUBEREITUNG:

1. Die Brotscheibe buttern.

2. Mit der Vogelmiere belegen.

Lassen Sie die Vogelmiere Teil Ihrer alljährlichen Frühjahrs-kur werden. Mit ihren blutreinigenden Eigen-schaften ist sie dafür bestens geeignet.

VOGELMIERE

105

Sonnengelber Linsenaufstrich

– Sonne aufs Brot geschmiert –

ZUTATEN:

› 100 g gelbe Linsen
› 200 ml Gemüsebrühe
› 2 Scheiben glutenfreier Zwieback
› 2 EL Olivenöl
› 1 Messerspitze Chili
› ½ TL Kurkuma
› Salz
› Pfeffer

Dieser herzhaft-cremige Aufstrich eignet sich toll als Mitbringsel und bereitet somit nicht nur Ihnen selbst Freude!

ZUBEREITUNG:

1. Die Linsen unter fließendem Wasser gut abspülen und zusammen mit der Gemüsebrühe ca. zehn Minuten lang köcheln lassen.

2. Anschließend die Linsen zusammen mit den Zwieback-scheiben, den Gewürzen und dem Öl zu einem glatten Aufstrich pürieren.

3. Mit Salz und Pfeffer abschmecken.

Bunte Blütenbutter

— einfach traumhaft —

ZUTATEN:

› 125 g vegane Butter
› 1 Knoblauchzehe
› 5 EL Gewürzblüten
› Salz
› Pfeffer

ZUBEREITUNG:

1. Die Butter bereits einige Zeit vor der Verarbeitung aus dem Kühlschrank nehmen.

2. Die Knoblauchzehe schälen und pressen.

3. Die Butter mit der gepressten Knoblauchzehe und den Gewürzblüten verrühren, mit Salz und Pfeffer abschmecken und in kleine Förmchen füllen.

4. Kalt servieren.

„Butterbrot war das Highlight unserer Kindheit, diese farbenfrohe Butter erhellt unser Gemüt noch heute!"
Daniela

Avocadocreme
– schlemmerhaft –

ZUTATEN:

› 1 Avocado
› Salz
› Pfeffer
› Saft ½ Zitrone

ZUBEREITUNG:

1. Die Avocado der Länge nach zerteilen und den Kern entfernen.

2. Das Fruchtfleisch mit einem Löffel herauslösen und im Mixer oder mit dem Pürierstab zerkleinern.

3. Abschließend mit Salz, Pfeffer und etwas Zitronensaft abschmecken.

Lust auf „fettig"? Avocado ist eine tolle, gesunde Alternative!

109

Schmeckt
einfach köstlich
als Gurken-
sandwich.

Pikanter Mandel-Streichkäse

– aromatisches Wohlbefinden –

ZUTATEN:

› ca. 150 g gemahlene Mandeln

› 4 Cherrytomaten

› ½ TL Salz

› 2 große in Knoblauchöl eingelegte Oliven

› ½ Knoblauchzehe

› 1 Prise Chili

› ca. 100 ml Wasser

ZUBEREITUNG:

1. Wasser mit Tomaten, Salz, Oliven, Öl (1 EL von den eingelegten Oliven) und der Knoblauchzehe im Mixer zerkleinern.

2. 80–100 g des Mandelmehls dazugeben und weitermixen, sodass eine cremige Masse entsteht.

3. In einer Schüssel mit den restlichen Mandeln verrühren und kaltstellen.

4. Hält sich im Kühlschrank zwei bis drei Tage.

Cashewkäse

— mal was anderes aufs Brot —

ZUTATEN:

› 150 g Cashewnüsse
› ca. 100 ml Wasser
› 2 getrocknete Tomaten
› ¼ TL Chiliflocken
› 1 TL Paprikapulver
› 3 Prisen Salz
› 1–2 EL Hefeflocken

ZUBEREITUNG:

1. Die Nüsse über Nacht einweichen. Am nächsten Tag abschütten und abtropfen lassen.

2. Die Nüsse mit dem Wasser (vorsichtig nach und nach dazugeben) im Mixer zu einer Creme verarbeiten.

3. Die restlichen Zutaten hinzufügen und nochmals gut mixen.

TIPP:
Der Käse hält sich im Kühlschrank
ein bis drei Tage.

Nusskäse ist eine wunderbare Alternative zu Milchkäse und ganz einfach selbst gemacht.

112

Paranusskäse

— ge-nüss-lich —

ZUTATEN:

› 100 g Paranüsse
› 50 ml Wasser
› ½ EL Zitronensaft
› 2 Prisen Salz
› 1 Msp Currypulver
› 1 EL Hefeflocken

ZUBEREITUNG:

1. Die Nüsse über Nacht einweichen. Am nächsten Tag abschütten und abtropfen lassen.

2. Die Nüsse mit dem Wasser im Mixer zu einer Creme verarbeiten.

3. Die restlichen Zutaten dazugeben und nochmals gut mixen.

TIPP:
Dies ist ein gutes Grundrezept für einen veganen Streichkäse. Experimentieren Sie mit zusätzlichen Gewürzen nach Ihrem Geschmack! Der Käse hält sich im Kühlschrank ein bis drei Tage.

113

HEFEFLOCKEN

Die Hefeflocken geben selbst gemachtem Nusskäse einen zarten Schmelz und reichern ihn mit wertvollen B-Vitaminen an.

Roher Schokoaufstrich

– lecker in den Tag starten –

ZUTATEN:

› 3 EL rohes Mandelmus

› 1 El Kakaopulver

› 3–4 Datteln

› 1 Prise Zimt (mehr nach Bedarf)

ZUBEREITUNG:

› Alle Zutaten im Mixer miteinander vermischen und glatt pürieren.

Lust auf Variation? Zur Weihnachtszeit einfach einen halben Teelöffel Lebkuchen- oder Spekulatiusgewürz anstatt des Zimts nehmen.

Für eine fruchtige Variante Zitronen- oder Orangenzesten untermischen.

Nicht die Glücklichen
sind dankbar.
Es sind die Dankbaren,
die glücklich sind.

Francis Bacon

Vergnügen zum Anbeißen

· BROT & GEBÄCK ·

Bärlauch-Focaccia

— wunderbar erfüllend —

ZUTATEN:

› 250 g glutenfreie Mehlmischung
› 1 Pkg Trockenhefe
› 75 ml lauwarmes Wasser
› 1 Prise Zucker
› Olivenöl
› 1 Bund Bärlauch
› Salz
› Pfeffer

Bärlauch ist einer der ersten Frühlingsboten – es tut so gut, wieder frisches Grün auf dem Teller zu haben!

ZUBEREITUNG:

1. Das Backrohr auf 180° C vorheizen.

2. Das Mehl mit dem Zucker, der Trockenhefe, dem Wasser und einem Schuss Olivenöl zu einem glatten Teig kneten.

3. Den Teig ca. 15 Minuten lang rasten lassen.

4. Den Bärlauch waschen und fein schneiden.

5. Aus dem Teig kleine Fladen formen, diese mit Olivenöl bestreichen, etwas Bärlauch darauf verteilen und mit Salz und Pfeffer würzen.

6. Die Fladen auf einem mit Backpapier belegten Backblech in den Ofen geben und ca. 15 Minuten lang backen.

Rohkost-Brot – Paprika/Tomate

— nussig aromatisch —

ZUTATEN (FÜR CA. 40 RUNDE, FLACHE BROTE):

› ca. 250 g Leinsamen

› 2–3 rote Paprika

› 5 Tomaten

› 2–3 Knoblauchzehen

› 10 EL Sonnenblumenkerne (eingeweicht, abgetropft)

› ½ TL Paprikagewürz

› Salz (nach Geschmack)

› diverse Körner und Samen für die Verzierung (goldener Leinsamen, schwarzer Sesam, Kürbiskerne etc.)

ZUBEREITUNG:

1. Leinsamen und Sonnenblumenkerne über Nacht einweichen.

2. Einweichwasser bei den Sonnenblumenkernen abgießen.

3. Paprika klein schneiden, mit den Tomaten und den Knoblauchzehen im Mixer mixen.

4. In eine ausreichend große Schüssel geben.

5. Zwei Drittel der eingeweichten Leinsamen (mit Schleim) im Mixer pürieren (wenn es nicht klappt, weil die Leinsamenmasse nach kurzer Zeit zu dick wird, vorsichtig Wasser unterrühren oder von dem vorher gemischten Paprika-Tomaten-Saft nehmen).

6. Mit dem übrigen Leinsamen zu der Paprika-Tomaten-Masse geben und vermischen.

7. Die Sonnenblumenkerne und das Paprikagewürz dazugeben und mit Salz abschmecken.

8. Auf den Teflexbögen (alternativ mit Backpapier auslegen) des Dörrers runde, flache Brote formen (jeweils aus 1½ bis 2 EL)

9. Mit den Körnern/Samen verzieren.

10. Im Dörrer (alternativ 50° C im Backofen mit Kochlöffel in der Klappe) und bis zur gewünschten Knusprigkeit trocknen.

Schmeckt wunderbar mit Avocado bestrichen und Tomaten belegt.

Dieses
Knäckebrot eignet
sich auch sehr gut als
Cracker. Dazu einfach
die kleinen Brote in
mundgerechte Stück-
chen brechen.

Sesam-Leinsam-Knäcke
– körniger Knuspersnack –

ZUTATEN:

› 100 g Leinsamen
› 50 g Leinsamenmehl
› 60 g Sesam
› 3 kleine Peperoni (milde oder scharfe, je nach Geschmack)
› 10–12 Cocktailtomaten
› 1 Prise Salz (wenn erwünscht)

ZUBEREITUNG:

1. Leinsamen quelle lassen, dann mit Schleim in eine Zubereitungsschüssel geben, Sesam unterrühren und vermischen.

2. Peperoni und Tomaten im Mixer pürieren und dazugeben. Gut vermengen.

3. Das Leinsamenmehl (einfach Leinsamen fein mahlen) hinzufügen und zu einer homogenen Masse verrühren.

4. Eventuell salzen.

5. Kleine Fladen auf den Teflexpapieren verteilen (ca. neun pro Einschub)

6. Je nach Wunsch der Knusprigkeit bei 40° C dehydrieren (ca. zwölf Stunden). Das Trocknen der Brote geht auch im Backofen bei 50° C mit leicht geöffneter Ofenklappe (Holzkochlöffel) oder ganz wunderbar im Sommer draußen in der Sonne.

Knoblauch-Salbei-Ring
— erste Wahl für das Herbstpicknick —

ZUTATEN:

› 200 g glutenfreie Mehlmischung für Brot
› 50 g gemahlener Buchweizen
› ½ Päckchen Trockenhefe
› 1 TL Meersalz
› 2 EL fein gehackter Salbei
› 2–3 Knoblauchzehen
› 3 EL Röstzwiebeln
› 2 TL Agavendicksaft
› ca. 200 ml Wasser

ZUBEREITUNG:

1. Die Knoblauchzehen abziehen und klein hacken.

2. Mehl, Buchweizen, Trockenhefe, Meersalz, Salbei, die gehackten Knoblauchzehen und die Röstzwiebeln miteinander vermischen.

3. Mit dem Agavendicksaft und dem Wasser zu einem glatten Teig verkneten.

4. In eine gefettete Schüssel geben und an einem warmen Ort gehen lassen, bis sich das Volumen merklich vergrößert hat.

5. Den Teig erneut gut durchkneten.

6. Zu einem Ring formen und auf ein Backblech geben.

7. Abermals ca. 30 Minuten gehen lassen.

8. Den Ring im vorgeheizten Backofen bei 200° C ca. 30 Minuten backen.

„Ich liebe es, dieses
herzhafte Brot an den Tagen
zu backen, an denen wir im Herbst
Holz für den Winter machen.
Die ganze Familie hilft mit, es riecht
nach Buchenholz und warmer Erde ...
und wir genießen draußen zwischen
den Holzstämmen im Wald ofen-
frisches Brot mit Butter und Salz.
Pures Glück.“

Miriam

Das Knäckebrot schmeckt wunderbar erfüllend und vollmundig.

Knäckebrot
— vollmundig und knackig —

ZUTATEN:

› 100 g Kastanienmehl

› 350 g Buchweizenmehl

› 2 gehäufte TL Johannisbrotkernmehl

› 1 TL Salz

› 100 g vegane Butter in kleinen Stücken

› ca. 300 ml Reismilch

› grobes Meersalz, Sesam und Paranüsse zum Bestreuen

ZUBEREITUNG:

1. Kastanien- und Buchweizenmehl mit dem Johannisbrotkernmehl und dem Salz vermischen.

2. Die Mischung mit der Butter und der Reismilch zu einem glatten, geschmeidigen Teig verarbeiten. Hierbei die Reismilch nach und nach dazugeben, bis der Teig die gewünschte Konsistenz erreicht hat.

3. Den Teig dritteln und mit dem Nudelholz ausrollen.

4. Gewünschte Knäckebrotform ausstechen oder schneiden.

5. Teiglinge auf Backpapier legen und mit einer Gabel einstechen.

6. Mit wenig Wasser bepinseln.

7. Mit Salz, Sesam oder Paranüssen bestreuen, diese leicht andrücken.

8. Bei 200° C Umluft ca. zehn bis zwölf Minuten backen, bis die Brote leicht gebräunt sind.

Sonnenblumenbrot mit Amarant

– für den außergewöhnlichen Geschmack –

ZUTATEN:

› 450 g glutenfreie Mehlmischung für Brot

› 50 g Amarant

› 15 g frische Hefe

› 100 g Sonnenblumenkerne

› 500 ml Wasser

ZUBEREITUNG:

1. Backofen auf 200° C vorheizen.

2. Eine Kastenform gut einfetten.

3. Die Hefe in etwas Wasser auflösen.

4. Den Amarant fein mahlen.

5. Mehl, Amarantmehl und Sonnenblumenkerne miteinander vermischen.

6. Mit der flüssigen Hefe und dem Wasser zu einem Teig verarbeiten.

7. Den Teig in die gefettete Form geben und ein paar Sonnenblumenkerne drüberstreuen.

8. Mit einem feuchten Tuch bedecken und 30 Minuten gehen lassen.

9. Bei 200° C ca. 50 Minuten backen.

Experimentieren Sie ein bisschen mit diversen Brotgewürzen! Amarant kann vom Geruch her anfangs etwas gewöhnungsbedürftig sein.

Menschliches Glück
stammt nicht so sehr aus großen
Glücksfällen, die sich selten ereignen,
als vielmehr aus kleinen
glücklichen Umständen,
die jeden Tag vorkommen.

Benjamin Franklin

Herzhafte Gaumenfreuden

· HAUPTGERICHTE ·

*Heiß und
knusprig –
das schmeckt
nach mehr!*

Wedges mit Bohnen-Aioli

– deftiger, bodenständiger Genuss –

ZUTATEN:

› 1 kg kleine Kartoffeln

› 250 g weiße Bohnen aus der Dose

› 1 Knoblauchzehe

› 1 TL Paprikapulver

› 1 TL Knoblauchpulver

› 1 TL getrockneter Rosmarin

› 1 TL bunter Pfeffer (gemahlen)

› 2 TL Salz

› Öl

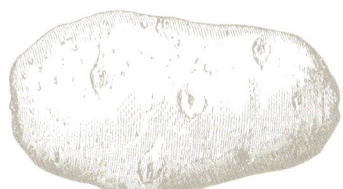

ZUBEREITUNG:

1. Das Backrohr auf 180° C vorheizen.

2. Die Kartoffeln gut waschen und vierteln.

3. Die trockenen Gewürze mit dem Salz und etwas Öl zu einer Marinade verrühren.

4. Die Kartoffelspalten darin gut schwenken, bis sie gleichmäßig benetzt sind.

5. Anschließend auf ein mit Backpapier belegtes Backblech geben und im Ofen ca. 15–20 Minuten lang backen.

6. In der Zwischenzeit die Bohnen gut abspülen.

7. Die Knoblauchzehe schälen, pressen und mit den Bohnen sowie ca. fünf Esslöffel Öl pürieren, bis eine glatte Creme entsteht. Diese abschließend mit Salz und Pfeffer abschmecken und zu den heißen Wedges servieren.

133

Gemüselasagne

– genüsslich schlemmen mit guten Freunden –

ZUTATEN:

› 1 Zwiebel

› 1 Knoblauchzehe

› 1 große Zucchini

› 2 Karotten

› 100 g Champignons

› 250 ml gewürfelte Dosentomaten

› 200 ml Reiscuisine

› vegane Butter

› 50 g geriebener veganer Käse

› 10 glutenfreie Lasagneblätter

› Salz

› Öl

› Pfeffer

ZUBEREITUNG:

1. Das Backrohr auf 180° C vorheizen.

2. Die Zwiebel schälen und fein würfeln.

3. Danach die Karotten fein hobeln, die Champignons halbieren und ebenso wie die Zucchini in feine Scheiben schneiden. Die Knoblauchzehe schälen und pressen.

4. Das Gemüse in etwas Öl gut anbraten, in der Zwischenzeit eine Auflaufform mit Butter ausfetten.

5. Gewürfelte Dosentomaten sowie Reiscuisine zum Gemüse geben und die Masse mit Salz und Pfeffer abschmecken.

6. Nun schichtweise Gemüsesoße und Lasagneblätter in die Auflaufform geben und so lange wiederholen, bis beides aufgebraucht ist.

7. Die letzte Gemüseschicht mit Käse bestreuen und im Ofen ca. 40 Minuten lang backen.

Lasagne hilft nicht nur bei Liebeskummer, sondern lässt sich auch wunderbar mit guten Freunden teilen!

Orangen Pilz Tagliatelle

– Seelenschmeichler –

ZUTATEN:

› 150 g glutenfreie Mais-Tagliatelle
› 150 g gemischte Pilze
› 1 Orange
› 150 ml Reiscuisine
› 1 EL Pfeilwurzmehl
› Salz
› Pfeffer
› Öl

Das cremige Pastagericht ist eine wahre Wohltat für die Seele!

ZUBEREITUNG:

1. Die Pilze putzen, halbieren und in feine Scheiben schneiden.
2. Anschließend in etwas Öl anbraten.
3. Mit dem Saft der Orange ablöschen und etwas köcheln lassen.
4. Die Cuisine sowie das Pfeilwurzmehl hinzugeben und gut verrühren.
5. Die Tagliatelle in etwas Salzwasser bissfest kochen.
6. Abseihen, mit der Pilzcreme vermischen und mit etwas geriebener Orangenschale garniert servieren.

Die Gemüsespieße sind das Highlight jeder Grillfeier – so schmeckt der Sommer!

Gemüsespieße

— schlemmen wie Gott in Frankreich —

ZUTATEN:

› 5 kleine Champignons
› 1 rote Paprika
› 1 gelbe Paprika
› ½ Zucchini
› 1 rote Zwiebel
› 2 EL Thai-Curry-Würzpaste (mild)
› 2 EL Öl

ZUBEREITUNG:

1. Das Backrohr auf 180° C vorheizen.

2. Die Champignons halbieren, die entkernten Paprika, die geschälte Zwiebel

3. und die Zucchini in mundgerechte Stücke schneiden.

4. Die Currypaste und das Öl zu einer Marinade verrühren.

5. Das Gemüse abwechselnd auf Holz- oder Metall-spieße stecken und mit der Marinade bepinseln.

6. Danach auf ein mit Backpapier belegtes Backblech geben und ca. 15 Minuten lang im Backofen grillen.

138

Curry Cashews

— lecker gesnackt —

ZUTATEN:

› 200 g Cashewkerne
› 1 EL milde Currygewürzmischung
› 1 TL Sonnenblumenöl
› 1 Prise Salz

ZUBEREITUNG:

1. Das Backrohr auf 180° C vorheizen.

2. Die Cashewkerne mit dem Gewürz, dem Öl und etwas Salz in einer Schüssel gut vermischen.

3. Anschließend die Kerne auf einem mit Backpapier belegten Backblech gleichmäßig verteilen und ca. fünf Minuten lang backen.

Deftig, würzige Cashewkerne lassen die Sorgen des Alltags in weite Ferne rücken!

139

Kleine Glücksmomente für zwischendurch!

Maki
– klein, aber fein –

ZUTATEN:

› 2 Noriblätter
› 200 g Rote Beete (aus dem Glas)
› etwas Meerrettich
› 2 EL Agavendicksaft
› 1 Avocado
› 1 Karotte
› ½ Zitrone
› Salz
› Pfeffer

ZUBEREITUNG:

1. Die Noriblätter über der Herdplatte vorsichtig anrösten, bis diese leicht grün werden.

2. Für Füllung 1 die Rote Beete fein würfeln und mit etwas geriebenem Meerrettich sowie Agavendicksaft verrühren.

3. Für Füllung 2 die Avocado längs halbieren, entkernen und aushöhlen. Das Fruchtfleisch pürieren, mit Salz, Pfeffer und etwas Zitronensaft abschmecken.

4. Die Karotte reiben und dazugeben.

5. Die Noriblätter mit der jeweiligen Füllung bestreichen und vorsichtig einrollen.

6. Um die Rollen zu fixieren, die freien Enden mit etwas Wasser bestreichen und ankleben.

7. Maki in Stücke schneiden und servieren.

Mangoldrisotto

— wohlig satt —

ZUTATEN:

› 250 g Risottoreis
› 500 ml Gemüsebrühe
› Weißwein
› 1 Mangold
› 1 Zwiebel
› Öl

ZUBEREITUNG:

1. Den Mangold waschen, den Strunk entfernen und fein hacken.

2. Die Zwiebel schälen, fein hacken und zusammen mit Mangold und dem Risottoreis in etwas Öl kurz anbraten.

3. Mit einem Schuss Weißwein ablöschen und anschließend mit Gemüsebrühe aufgießen.

4. Ca. 20 Minuten lang bei mittlerer Hitze ohne Deckel köcheln lassen, bis der Reis gar und die Flüssigkeit aufgesaugt ist.

Das schnelle Risotto lässt nach einem anstrengenden Arbeitstag jeglichen Stress in Vergessenheit geraten.

Die etwas andere Pizza – erdig, regional und einfach gut!

Fenchel-Zwiebel-Pizza

– exquisites Partyfood –

ZUTATEN:

- › 500 g helle, glutenfreie Mehlmischung
- › 1 Packung Trockenhefe
- › 1 EL Zucker
- › 5 EL Olivenöl
- › 1 TL Salz
- › 450 ml warmes Wasser
- › 1 große Fenchelknolle

- › 1 Knoblauchzehe
- › 2 rote Zwiebeln
- › 150 ml Reiscuisine
- › 2 EL Pfeilwurzmehl
- › Salz
- › Pfeffer
- › Olivenöl

ZUBEREITUNG:

1. Das Backrohr auf 180° C vorheizen.

2. Das Mehl mit der Trockenhefe, dem Salz und dem Zucker gut verrühren.

3. Anschließend das warme Wasser sowie das Olivenöl hinzugeben und zu einem geschmeidigen Teig verkneten.

4. Den Teig ca. 15 Minuten lang rasten lassen.

5. In der Zwischenzeit die Cuisine mit dem Pfeilwurzmehl verrühren und mit Salz und Pfeffer abschmecken.

6. Die Zwiebel schälen und ebenso wie den Fenchel in feine Ringe schneiden.

7. Anschließend die Knoblauchzehe schälen, pressen und mit dem Fenchel und den Zwiebeln in etwas Olivenöl anbraten.

8. Den Teig auf einem mit Backpapier belegten Backblech ausrollen (kreisrund) und mit der Cuisine bestreichen.

9. Das Gemüse gleichmäßig darauf verteilen und ca. 20–25 Minuten lang backen, dann heiß servieren.

Gefüllte Kohlrabis

— frohgemut aufgetischt —

ZUTATEN:

› 2 Kohlrabis
› 150 g rote Linsen
› 50 g geriebener veganer Käse
› 300 g Gemüsebrühe
› 1 Zwiebel
› Öl
› 1 Prise Salz

Eine herzhafte Belohnung nach langen Spaziergängen an der kalten Winterluft.

ZUBEREITUNG:

1. Die „Deckel" der Kohlrabi abschneiden und zur Seite legen.

2. Die Kohlrabis innen aushöhlen und 15 Minuten lang in Salzwasser köcheln lassen.

3. In der Zwischenzeit die Zwiebel schälen und fein würfeln.

4. Die Linsen unter fließendem Wasser gut abspülen und zusammen mit den Zwiebelwürfeln in etwas Öl anbraten.

5. Anschließend mit Gemüsebrühe ablöschen und ca. zehn Minuten lang köcheln lassen.

6. Das Backrohr auf 180° C vorheizen und die ausgehöhlten Kohlrabis in eine feuerfeste Auflaufform geben.

7. Die Linsen mit dem Käse vermischen, mit Salz abschmecken und die Kohlrabis damit füllen.

8. Im Rohr bei 180° C ca. zehn Minuten lang überbacken und anschließend mit Deckel servieren.

LÖWENZAHN

Frühlingsblumen
– frisch und herb –

ZUTATEN:

› 50 g junge Löwenzahnblätter
› 125 g helle glutenfreie Mehlmischung
› 100 ml Gemüsebrühe
› 100 g Tomatenbruschetta-Aufstrich
› Öl

ZUBEREITUNG:

1. Das Mehl mit der Gemüsebrühe zu einem glatten Teig verrühren.

2. Etwas Öl in einer kleinen beschichteten Pfanne erhitzen.

3. Zwei dünne Fladen nacheinander auf beiden Seiten goldgelb braten.

4. Die Fladen auskühlen lassen und den Bruschetta-Aufstrich auftragen.

5. Anschließend den Löwenzahn waschen, schneiden, darauf verteilen und vorsichtig einrollen.

6. Die Rollen in Scheiben schneiden und auf Spießen servieren.

Junger Löwenzahn schmeckt bitter und regt die Verdauung an.

148

Zucchinipuffer

– blitzschnell glücklich –

ZUTATEN:

› 1 kleine Zucchini
› 3 kleine Kartoffeln
› 1 EL körnige Gemüsebrühe (Pulverform)
› 2 EL glutenfreie Mehlmischung
› geriebene Muskatnuss
› Salz
› Pfeffer
› Öl

ZUBEREITUNG:

1. Die Zucchini und die Kartoffeln ungeschält fein reiben.

2. Die Masse mit der körnigen Gemüsebrühe und dem Mehl vermengen.

3. Mit Muskatnuss, Salz und Pfeffer abschmecken.

4. Das Öl in einer Pfanne erhitzen, mit den Händen kleine Puffer formen und diese auf beiden Seiten goldgelb backen.

So blitzschnell zaubert man sich Glück auf den Teller!

149

Ayurveda-Pfannkuchen

– ausgeglichen und harmonisch –

ZUTATEN:

› 150 g Maismehl
› 300 ml Mineralwasser mit Kohlensäure
› 1 TL Kurkuma
› 1 Prise Ingwerpulver
› 1 TL Schwarzkümmelöl
› ½ TL Bockshornkleesamen
› ½ TL Garam Masala Gewürzmischung
› 1 Prise Salz

ZUBEREITUNG:

1. Das Maismehl mit den Gewürzen vermischen, das Schwarzkümmelöl und das Mineralwasser hinzugeben und zu einem glatten Teig verrühren.

2. Eine beschichtete Pfanne erhitzen und kleine Portionen darin verteilen.

3. Die Fladen ohne Öl (das ist schon im Teig enthalten) auf beiden Seiten goldgelb backen.

Die würzigen kleinen Pfannkuchen stimmen uns versöhnlich!

Zucchini-Kichererbsen-Türmchen

– aufgetürmtes Glück –

ZUTATEN:

› 1 kleine Zucchini

› 350 g Kichererbsen (im Glas)

› 2 Knoblauchzehen

› 2 EL Tomatenmark

› Olivenöl

› Salz

› Pfeffer

ZUBEREITUNG:

1. Das Backrohr auf 200° C vorheizen.

2. Die Zucchini in Scheiben schneiden, auf ein mit Backpapier belegtes Backblech legen und mit Olivenöl beträufeln. Ca. fünf bis zehn Minuten backen.

3. In der Zwischenzeit die Knoblauchzehen schälen und pressen.

4. Die Kichererbsen zusammen mit dem Knoblauch und dem Tomatenmark fein pürieren.

5. Die Zucchinischeiben aus dem Rohr nehmen und kurz abkühlen lassen.

6. Danach mit der Kichererbsenpaste bestreichen und mit einer Zucchinischeibe bedecken.

7. Den Vorgang so lange wiederholen, bis – je nach gewünschter Höhe – kleine „Türmchen" entstanden sind.

Nicht nur optisch ein absolutes Highlight!

Erdnussreis
—warm und knackig—

ZUTATEN:

› 250 g Basmatireis
› 500 ml Gemüsebrühe
› 1 EL Erdnussöl
› 1 EL Erdnussbutter
› 50 g geschälte Erdnüsse
› Salz

ZUBEREITUNG:

1. Reis und Gemüsebrühe in einen Topf geben und zugedeckt aufkochen lassen.

2. Hitze reduzieren und auf kleiner Flamme ca. 15 Minuten lang köcheln/ziehen lassen, bis der Reis gar und die Flüssigkeit aufgesaugt ist.

3. Inzwischen die Erdnüsse in einer beschichteten Pfanne ohne Öl vorsichtig anrösten und beiseite stellen.

4. In einer weiteren Pfanne die Erdnussbutter zusammen mit dem Erdnussöl anschwitzen.

5. Den gegarten Reis dazugeben und weitere zwei bis drei Minuten anbraten.

6. Zum Schluss mit Salz abschmecken, die Erdnüsse darüberstreuen und servieren.

Heißer Reis und knackige Erdnüsse für die Extraportion guter Laune!

Brokkoli Auflauf
— grün und gut —

ZUTATEN:

› 250 g Reisnudeln

› 1 Brokkoli

› 3 EL vegane Butter

› 2 EL glutenfreies Mehl

› 300 ml Wasser

› 5 EL Hefeflocken

› Salz

› Senf

Die Soße aus Hefeflocken schmeckt ähnlich wie Käsesoße.

ZUBEREITUNG:

1. Das Backrohr vorheizen.

2. Die Nudeln in reichlich Salzwasser vorkochen (nicht ganz al dente).

3. Den Brokkoli waschen, den Strunk entfernen, grob teilen und beides in eine Auflaufform geben.

4. Die Butter in einem Topf schmelzen.

5. Das Mehl einrühren, mit 300 ml Wasser aufgießen und anschließend fünf EL Hefeflocken unterrühren.

6. Mit Salz und Senf abschmecken und die Soße über die Brokkoli-Nudeln geben.

7. Abschließend noch ca. 15 Minuten im Rohr überbacken.

Gefüllte Champignons

— ein Riesenglück —

ZUTATEN:

› 4 Riesenchampignons
› 1 kleine Zwiebel
› 1 Knoblauchzehe
› 4 EL Basilikumpesto
› Olivenöl
› Salz
› Pfeffer

Schmeckt doppelt so lecker, wenn man die Champignons an den letzten Herbsttagen draußen auf der Veranda serviert.

ZUBEREITUNG:

1. Das Backrohr auf 180° C vorheizen.

2. Die Champignons gut waschen. Die Stiele entfernen und fein würfeln.

3. Die Zwiebel schälen und fein hacken, anschließend die Knoblauchzehe schälen, pressen und alle drei Zutaten mit dem Pesto vermengen.

4. Die Champignonköpfe auf ein mit Backpapier belegtes Backblech legen, mit der Pestomasse füllen und ca. zehn Minuten backen.

Sonniges Risotto

– körniges Vergnügen –

ZUTATEN:

› 250 g Risottoreis

› 500 ml Gemüsebrühe

› Safranfäden

› 1 unbehandelte Biozitrone

› Öl

› Weißwein

ZUBEREITUNG:

1. Den Risottoreis in etwas Öl kurz anbraten und mit einem Schuss Weißwein ablöschen.

2. Die Safranfäden hinzugeben und alles mit der Gemüsebrühe aufgießen.

3. Ca. 20 Minuten bei mittlerer Hitze ohne Deckel köcheln lassen, bis der Reis gar und die Flüssigkeit aufgesaugt ist.

4. Abschließend mit etwas Zitronensaft sowie geriebener Zitronenschale verfeinern.

Mit diesem leuchtenden Risotto kann man um die Wette strahlen!

157

SAFRAN

Da kommt Urlaubs-feeling auf!

Gefüllte Weinblätter

– mediterran genießen –

ZUTATEN:

› 100 g Langkornreis
› 200 ml Wasser
› 250 g eingelegte Weinblätter
› 1 kleine Zwiebel
› Saft ½ Zitrone
› 2 Knoblauchzehen

ZUBEREITUNG:

1. Das Wasser mit dem Reis zum Kochen bringen, die Hitze reduzieren und zugedeckt 15 Minuten lang ziehen lassen.

2. In der Zwischenzeit die Weinblätter kurz unter fließendem Wasser abspülen.

3. Die Zwiebel sowie die Knoblauchzehen schälen und fein hacken.

4. Nach der Garzeit den Reis mit der gehackten Zwiebel sowie einer gehackten Knoblauchzehe vermengen und mit Salz und Pfeffer abschmecken.

5. Die Weinblätter abtropfen lassen, mit dem Stiel nach unten auflegen und mit der Reisfüllung bestreichen.

6. Das untere Ende (mit dem Stielansatz) nach oben schlagen, das linke Ende des Blattes nach rechts sowie das rechte Ende nach links einschlagen und das Blatt nach oben hin einrollen.

7. Die zweite Knoblauchzehe in etwas Öl anrösten, mit Zitronensaft ablöschen und die Weinblätter kurz darin anbraten.

Tomaten-Feigen Türmchen mit Thymian

— sehr aromatisch —

ZUTATEN:

› eine dicke, große, reife Feige

› gelbe Tomaten

› rote Tomaten

› getrocknete Tomaten

› Thymianblätter

› Olivenöl

› Salz und diverse Kräuter

›

ZUBEREITUNG:

1. Die getrockneten Tomaten ca. eine Stunde einweichen lassen (entweder in Öl oder in Wasser, wie man es lieber hat).

2. Die Feige in Scheiben schneiden.

3. Die Tomaten in Scheiben schneiden.

4. Jetzt abwechselnd übereinanderschichten (nach Bedarf salzen).

5. Die eingeweichten getrockneten Tomaten klein schneiden und darüberstreuen.

6. Mit frischem Thymian und frischen Kräutern garnieren.

Feigen sind einfach eine wahre Wonne, wenn sie frisch und saftig sind – unglaublich köstlich!

Zwiebelringe

— man kann nie genug bekommen —

ZUTATEN (FÜR CA. 1–2 BLECHE):

› 1 große „süße" Gemüsezwiebel

› 200 g Mandeln

› 1 Schälchen Mandelmilch

› Paprikapulver

› Salz

› Gewürze nach Belieben

Ein herzhafter, gesunder Snack!

ZUBEREITUNG:

1. Die Zwiebel in Ringe schneiden.

2. Die gemahlenen Mandeln mit dem Salz, den Gewürzen und dem Paprikapulver vermischen und gut durchmengen. In einen tiefen Teller geben.

3. Zwiebelringe in der Mandelmilch anfeuchten und in der Mandel-panade wälzen.

4. Die panierten Ringe auf Backblechen, Backgitter oder Dehydrator-Einschüben verteilen und (Backofen bei 50° C mit Kochlöffel in der Tür, im Dörrer oder an der Sonne) vier bis fünf Stunden oder bis zur gewünschten Knusprigkeit trocknen lassen.

TIPP:
Die übrig gebliebenen, feuchten Klümpchen der Mandel-Paprika-Panade mitdörren und als Croutons über dem Salat verteilen.

Auberginen-Dattel-Röllchen

– Röllchen für Röllchen purer Genuss –

ZUTATEN:

- › 1 Aubergine
- › 6–7 Datteln (Medjool)
- › Zutaten Marinade:
- › 2 EL neutrales Öl (z.B. Sonnenblumenöl oder Rapsöl)
- › 2 EL natives Olivenöl
- › 1 TL Nama Shoyu
- › 1 EL Mandelmus
- › ½ TL Salz
- › 1 gestrichener TL scharfes Paprikapulver
- › ¼ TL Chiliflocken

ZUBEREITUNG:

1. Die Aubergine waschen und den Stilansatz entfernen.
2. In Scheiben schneiden.
3. Alle Zutaten für die Marinade im Mixer vermischen.
4. Die Auberginenscheiben in der Marinade wälzen.
5. Im Dörrer ca. fünf Stunden trocknen. Die Scheiben sollten noch flexibel sein.
6. Die Datteln in die marinierten Scheiben wickeln.

Medjool-Datteln sind reichhaltig, cremig und schmecken sinnlich lecker.

Rohe Zuchininudeln
– kulinarisch auf Wolke 7 –

ZUTATEN (PRO PERSON):

› 1 Zucchini

› 1 kleine Knoblauchzehe

› ¼ rote Zwiebel

› 1 EL Olivenöl

› 2 EL neutrales Öl (z.B. Rapsöl)

› 3 Walnusshälften

› 3 getrocknete Tomaten

› ½ Avocado

› Salz, Pfeffer

ZUBEREITUNG NUDELN:

1. Mit dem Spiralschneider „Nudeln" aus der Zucchini schneiden.

2. Leicht salzen, vermengen, ziehen lassen.

ZUBEREITUNG DRESSING:

3. Knoblauchzehe und Zwiebel fein hacken.

4. Walnüsse grob hacken.

5. Getrocknete Tomaten grob hacken.

6. Alles miteinander vermischen, Öl dazugeben.

7. Gut verrühren.

8. Avocado würfeln.

9. Vorsichtig unterheben und mit Salz und Pfeffer abschmecken.

FERTIGSTELLUNG

10. Zucchininudeln vorsichtig abgießen und ausdrücken.

11. Mit dem Dressing vermengen.

12. In einen Servierring füllen, leicht andrücken und den Ring vorsichtig nach oben entfernen.

TIPP:
Mit schwarzem Sesam garnieren.

Probieren Sie auch einmal Kürbis- oder Karotten-spaghetti!

Topinambur Püree
– bodenständig und delikat –

ZUTATEN:

› 500 g Topinambur
› 3 EL Sesamöl
› 3 EL Sesam
› 25 g vegane Butter
› Salz
› Pfeffer
› Schnittlauch

ZUBEREITUNG:

1. Topinambur schälen, in Würfel schneiden und ca. 15 Minuten lang in etwas Salzwasser kochen.

2. Anschließend abgießen und stampfen.

3. Die Butter sowie das Sesamöl unterrühren, bis eine cremige Masse entsteht; diese mit Salz und Pfeffer abschmecken.

4. Den Sesam in einer beschichteten Pfanne ohne Öl kurz anbraten.

5. Den Schnittlauch waschen und in feine Scheiben schneiden.

6. Das Püree mit Sesam und Schnittlauchröllchen garnieren und servieren.

Die Sauerkraut-taler sind absolut erfüllend.

Amarant-Kartoffel-Taler mit Sauerkraut

— ein herzhafter Leckerbissen —

ZUTATEN AMARANT-KARTOFFEL-TALER:

› 120 g Amarant
› 550 g Kartoffeln
› 40 g Maisstärke
› 3 TL Johannisbrotkernmehl
› 1 TL Salz
› 1–2 Prisen Pfeffer

ZUTATEN SAUERKRAUT:

› 4 Zwiebeln (ca. 170 g)
› 350 g Sauerkraut (abgetropft)
› 1 Lorbeerblatt
› Salz, Pfeffer, Muskat
› 70 ml Reissahne
› 1 TL Senf

ZUBEREITUNG:

1. Kartoffeln in Salzwasser bissfest garen.

2. Abkühlen lassen. In der Zwischenzeit das Sauerkraut zubereiten.

3. Dazu die Zwiebeln in Ringe schneiden.

4. Sauerkraut mit den Zwiebeln und dem Lorbeerblatt kurz scharf anbraten. Dann die Hitze reduzieren.

5. Mit Pfeffer, Salz und Muskat kräftig salzen.

6. Kurz ruhen lassen.

7. Die Reissahne und den Senf dazugeben.

8. Nochmals mit Salz und Pfeffer abschmecken.

9. Amarant nach Herstellerhinweis zubereiten.

10. Abgießen.

11. Kartoffeln pürieren.

12. Maisstärke und Johannisbrotkernmehl miteinander vermischen.

13. In der Küchenmaschine das Kartoffelpüree mit dem Amarant, der Stärkemischung, Salz und Pfeffer zu einem Teig verarbeiten.

14. In kleine Pizzaformen füllen.

15. Bei 200° C (vorgeheizt) ca. 25 Minuten im Ofen backen.

16. Vorsichtig aus der Form lösen (Achtung, klebt!), mit Sauerkraut belegen.

17. Nochmals ca. zehn Minuten bei 180° C auf dem Rost backen.

TIPP:
Geben Sie zusätzlich auf die Taler doch einmal das klein geschnittene, marinierte Gemüse von S. 172!

Mariniertes Gemüse

– mit dem gewissen Etwas –

ZUTATEN:

› 500 g Gemüse (z.B. Brokkoli, Blumenkohl, Paprika)

MARINADE:

› 50 ml Raps- oder Sonnenblumenöl
› 4 getrocknete Tomaten
› Salz

ZUBEREITUNG:

1. Das Gemüse in mundgerechte Stücke schneiden.

2. Die getrockneten Tomaten klein schneiden und in das Öl geben.

3. Leicht salzen.

4. Die Marinade ein paar Stunden ziehen lassen.

5. Das Öl zum Gemüse fügen, gut durchmischen.

6. Über Nacht marinieren.

„Ich bin immer wieder erstaunt, wie lecker so etwas Einfaches sein kann." *Miriam*

Zwiebel-Mandel-Soße

— etwas ganz Besonderes —

ZUTATEN:

› 100 g rote Zwiebeln

› 1 Knoblauchzehe

› 3 EL Mandelmus

› 150–200 ml Wasser (je nach gewünschter Sämigkeit)

› ½ Brühwürfel

› 1 kräftiger Spritzer Zitronensaft

ZUBEREITUNG:

1. Zwiebeln und Knoblauchzehe fein hacken.

2. In einem kleinen Topf scharf anbraten.

3. Wasser und Mandelmus in einen Schüttelbecher geben und gut vermischen.

4. Das Mandelmuswasser mit dem halben Brühwürfel zu den Zwiebeln geben.

5. Kurz aufkochen lassen.

6. Mit einem kräftigen Spritzer Zitronensaft abschmecken.

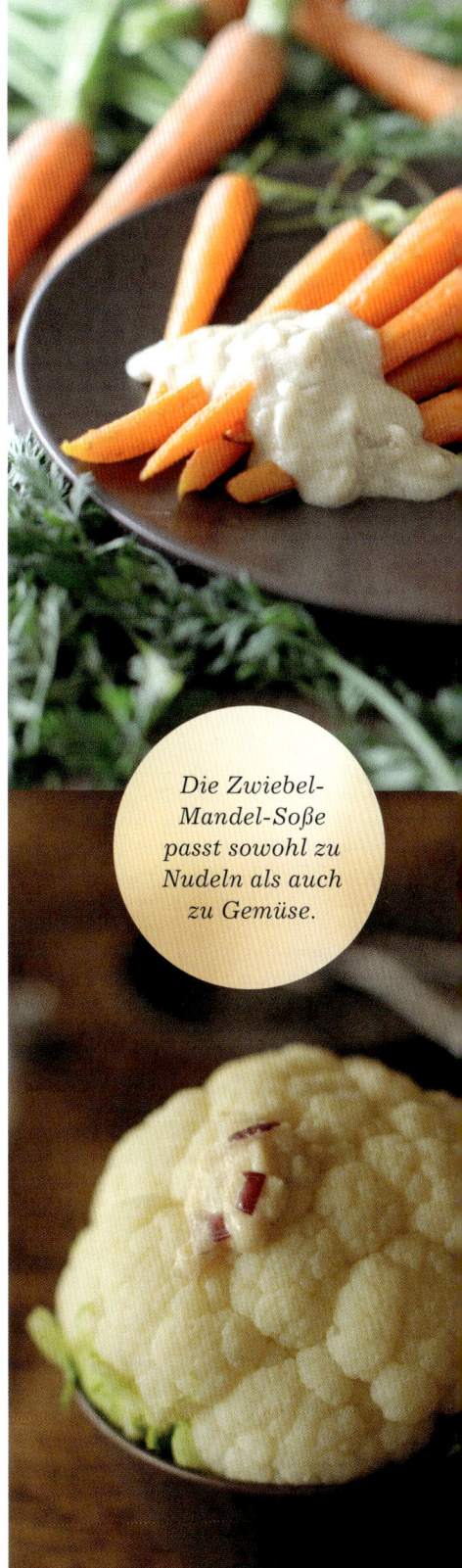

Die Zwiebel-Mandel-Soße passt sowohl zu Nudeln als auch zu Gemüse.

Glück ist ein Parfüm,
das du nicht auf andere sprühen kannst,
ohne selbst ein paar
Tropfen abzubekommen.

Ralph Waldo Emerson

Der süße Schlüssel zum Glück

· SÜSSES ·

Schokoladige Kokos-Erdbeeren

— kann denn Süßes Sünde sein? —

ZUTATEN:

› 10 Erdbeeren
› 5 EL Kokosfett
› 3 EL Kakaopulver
› 1 EL Agavendicksaft
› Kokosraspeln

ZUBEREITUNG:

1. Die Erdbeeren waschen, abtrocknen und den Stängelansatz so entfernen, dass eine glatte Schnittfläche entsteht.

2. Das Kokosfett mit dem Kakao und dem Agavendicksaft zu einer glatten Masse verrühren.

3. Die Erdbeeren mit der Glasur überziehen, mit Kokosraspeln bestreuen und kaltstellen.

Tiefrote Erdbeeren mit Schokolade-Kokos-Hütchen – traumhaft!

Kiwisorbet

– zaubert uns ein Lächeln aufs Gesicht –

ZUTATEN:

› 5 Kiwis
› 3 EL Limettensaft
› Agavendicksaft

ZUBEREITUNG:

1. Die Kiwis halbieren und mit einem kleinen Löffel vorsichtig das Fruchtfleisch herauslösen. Achten Sie darauf, dass die Schale nicht beschädigt wird, da diese später noch verwendet wird.

2. Das Fruchtfleisch mit dem Limettensaft fein pürieren und je nach Geschmack mit Agavendicksaft süßen.

3. Die fertige Masse in die Schalen füllen und im Gefrierfach für ca. eine Stunde kaltstellen.

Die prickelnde Säure von Kiwi macht einfach fröhlich!

Rhabarber-Crumble

— beflügelt die Geschmacksnerven —

ZUTATEN:

› 2 Stangen Rhabarber

› 5 EL Erdbeerkonfitüre

› 25 g vegane, kalte Butter

› 20 g glutenfreie helle Mehlmischung

› 20 g Mandelblättchen

ZUBEREITUNG:

1. Das Backrohr auf 150° C vorheizen.

2. Rhabarber schälen, fein würfeln und mit der Erdbeerkonfitüre vermischen.

3. Die kalte Butter in kleine Flöckchen schneiden und zusammen mit dem Mehl und den Mandelblättchen zu Streusel verarbeiten.

4. Die Rhabarber-Erdbeer-Masse in kleine Schälchen füllen, mit den Streuseln bedecken, für ca. zehn Minuten im Ofen backen und warm servieren.

Süß und gleichzeitig säuerlich – ein frischer Frühlingstraum!

Süßer und farbenfroher kann ein Morgen nicht beginnen!

Heidelbeer-Mandel-Auflauf

– heiße, süße Liebe –

ZUTATEN:

› 300 g Goldhirse
› 250 g Heidelbeeren
› 2 EL Pfeilwurzmehl
› 600 ml Mandelmilch
› 50 g Mandelblättchen
› 50 g Zucker
› vegane Butter

ZUBEREITUNG:

1. Das Backrohr auf 230° C vorheizen.

2. Die Goldhirse in heißem Wasser gut waschen.

3. Anschließend die Hirse mit der Mandelmilch aufkochen.

4. Das Pfeilwurzmehl und den Zucker unterrühren und anschließend ca. zehn Minuten lang leicht köcheln lassen.

5. In der Zwischenzeit eine Auflaufform mit Butter ausfetten.

6. Die Masse in die Auflaufform geben, die Heidelbeeren vorsichtig unterheben und ca. 15 Minuten lang backen.

7. Heiß servieren.

Lavendelzucker

— wie ein Mittsommerabend —

ZUTATEN:

› 3 EL getrockneter Lavendel
› 300 g Zucker

ZUBEREITUNG:

1. Den Lavendel vorsichtig mit den Händen drücken, sodass die kleinen Blüten abfallen.

2. Diese mit dem Zucker zusammen in ein verschlossenes Glas geben.

3. Einige Tage stehen lassen, damit das Aroma sich entfalten kann, und anschließend verwenden.

Lavendelzucker fängt den Duft von warmen Sommertagen ein und zaubert ein ganz besonderes Aroma in Ihre Süßspeisen.

Scharfe Schokocreme

– scharf-süße Verführung –

ZUTATEN:

› 2 Avocados

› 4 Rippen Zartbitterschokolade

› 5 EL Agavendicksaft

› Chilipulver

ZUBEREITUNG:

1. Die Avocados längs halbieren und entkernen.

2. Das Fruchtfleisch herausschaben und fein pürieren.

3. Die Zartbitterschokolade im Wasserbad vorsichtig schmelzen.

4. Zusammen mit dem Agavendicksaft und einer Prise Chilipulver zur Avocadocreme hinzufügen.

5. Alles noch einmal durchpürieren, in kleine Schüsseln verteilen und anschließend fünf bis zehn Minuten kaltstellen.

Zum Dahinschmelzen – scharf, süß und cremig!

Versüßt jede
Tee-/Kaffeepause
und schmeckt
nach Urlaub!

Kokos-Cookies

— Süßes für zwischendurch —

ZUTATEN:

› 100 g helle Mehlmischung

› 50 g Kokosmehl

› 50 g feine Kokosflocken

› 2 TL Pfeilwurzmehl

› 125 g kalte, vegane Butter

› 5 TL Agavendicksaft

› 1 Prise Salz

ZUBEREITUNG:

1. Die trockenen Zutaten gut vermengen.

2. Die Butter in feine Flöckchen schneiden und zusammen mit dem Agavendicksaft hinzugeben.

3. Die Zutaten schnell zu einem geschmeidigen Teig verkneten, eine ca. drei Zentimeter dicke Rolle formen, diese in Frischhaltefolie verpacken und eine Stunde im Kühlschrank rasten lassen.

4. Das Backrohr auf 160° C vorheizen.

5. Ca. ein Zentimeter dicke Stücke von der Teigrolle abschneiden, die Ecken mit den Fingern abrunden und auf ein mit Backpapier belegtes Backblech legen.

6. Die Cookies zehn bis 15 Minuten lang backen.

Eiskonfekt
— für Naschkatzen —

ZUTATEN:

› 100 g Zartbitterschokolade
› 100 g Kokosfett
› 70 g Staubzucker (Puderzucker)

ZUBEREITUNG:

1. Die Schokolade zusammen mit dem Kokosfett in einem Wasserbad schmelzen.

2. Den Zucker unterrühren und die Masse in kleine Pralinenförmchen füllen.

3. Für ca. eine Stunde kalt stellen und anschließend genießen.

„Eiskonfekt erinnert mich an meine Kindheit, ich liebe den zarten Schmelz auf der Zunge noch heute!"
Daniela

Erdnussbutter Pralinen

— was braucht man mehr? —

ZUTATEN:

› 150 g Zartbitterschokolade

› 50 g Kokosfett

› 5 EL Erdnussbutter crunchy

› 1 EL Agavendicksaft

ZUBEREITUNG:

1. Die Schokolade zusammen mit dem Kokosfett in einem Wasserbad schmelzen.

2. Kleine Silikonformen bis zur Hälfte damit befüllen.

3. Die Erdnussbutter mit dem Agavendicksaft verrühren und jeweils einen Teelöffel davon in die Förmchen geben.

4. Mit der geschmolzenen Schokolade auffüllen und zum Aushärten in den Kühlschrank stellen.

„Erdnussbutter-Pralinen stehen in meiner persönlichen Glücksküchenliste ganz weit oben."
Miriam

187

Lässt man die Zitrusschalen sehr lange im Ofen trocknen, werden sie so hart wie Zuckerbonbons, und sie können dann auch genauso gelutscht werden.

Kandierte Zitrusschalen

— erfrischend aromatisch —

ZUTATEN:

› 2 unbehandelte Orangen

› 1 unbehandelte Grapefruit

› 2 unbehandelte Zitronen

› 750 g Zucker

› 750 ml Wasser

ZUBEREITUNG:

1. Die Schalen der Früchte bis zum Fruchtfleisch in Vierteln schneiden. Abziehen.

2. Die Fruchtschalen in Streifen schneiden.

3. Die Zitrusschalen in einem Topf mit kaltem Wasser bedecken und aufkochen, ca. zwei Minuten köcheln lassen. Wasser wegschütten und dreimal wiederholen. Dadurch werden die Bitterstoffe in den Schalen reduziert.

4. Wasser und Zucker aufkochen.

5. Die Zitrusschalen hineingeben und so lange köcheln lassen, bis sie glasig-durchscheinend geworden sind.

6. Zitrusschalen herausnehmen und im Dörrer oder Ofen trocknen lassen.

7. Nach Belieben in Xylit oder Zucker wälzen oder in Schokolade tauchen.

TIPP:
Machen Sie sich doch aus den übrig gebliebenen Früchten einen erfrischenden Saft oder ein Smoothie!

Quinoa-Pralinen
— für Leckermäulchen —

ZUTATEN:

› 100 g Haselnüsse

› 50 g Paranüsse

› ¼ TL Vanillepulver

› 1 EL Kakaopulver

› 10 g Kakaobutter

› 3 EL Agavendicksaft

› 10 g gepuffte Quinoa

› Zartbitterkuvertüre zum Verzieren

Die gepuffte Quinoa gibt diesen kleinen Köstlichkeiten das gewisse Etwas.

ZUBEREITUNG:

1. Die Kakaobutter schmelzen.

2. Den Agavendicksaft dazugeben und verrühren.

3. Die Hasel- und Paranüsse fein mahlen.

4. Vanillepulver, Kakao und Quinoa hinzufügen und alles gut miteinander vermischen.

5. Die flüssige Kakaobuttermischung zur Nussmischung geben und verkneten.

6. Zu kleinen Kugeln formen und kurz kaltstellen.

7. Die Kugeln mit Schokolade überziehen und nach Belieben dekorieren.

Cashewsahne

– herrlich cremig –

ZUTATEN:

› 100 g Cashewkerne
› ½ TL Vanillepulver
› 2 TL Kokosbutter
› Wasser

ZUBEREITUNG:

1. Kokosbutter vorsichtig über dem Wasserbad schmelzen.

2. Die Cashewkerne fein mahlen.

3. Das Vanillepulver dazugeben und vermischen.

4. Im Mixer so viel Wasser zu der Nussmischung geben, dass eine cremige Konsistenz entsteht.

5. Die Kokosbutter dazugeben und nochmals gut verrühren.

Die Cashew-sahne schmeckt sehr lecker zu Kuchen oder Torten.

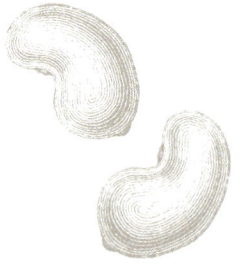

192

ZUCKERFREI – ROH/UNGEBACKEN – NUSSFREI

Sonnenräder

– Sonne pur –

ZUTATEN:

- Grapefruits
- Orangen
- Limonen
- Zitronen
- Mandarinen

ZUBEREITUNG:

1. Die Zitrusfrüche heiß abwaschen.
2. Mit dem Hobel oder einem scharfen, langen Messer in Scheiben schneiden.
3. An der Sonne oder im Dörrer (oder im Backofen bei 50° C mit Kochlöffel in der Ofenklappe) trocknen.

TIPP:
Die Sonnenräder machen sich wunderbar in heißen Getränken, klein gehackt im Salat oder einfach als wunderbar duftendes Potpourri.

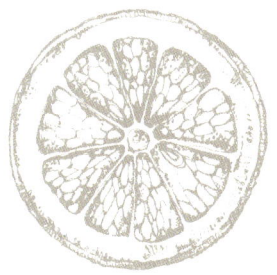

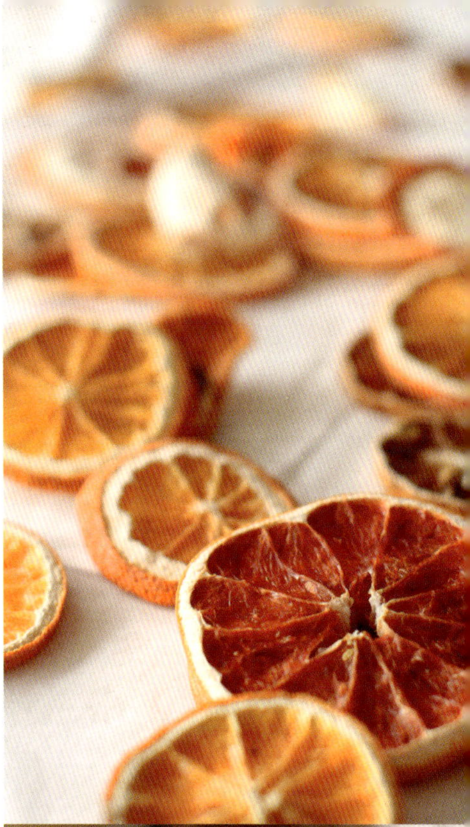

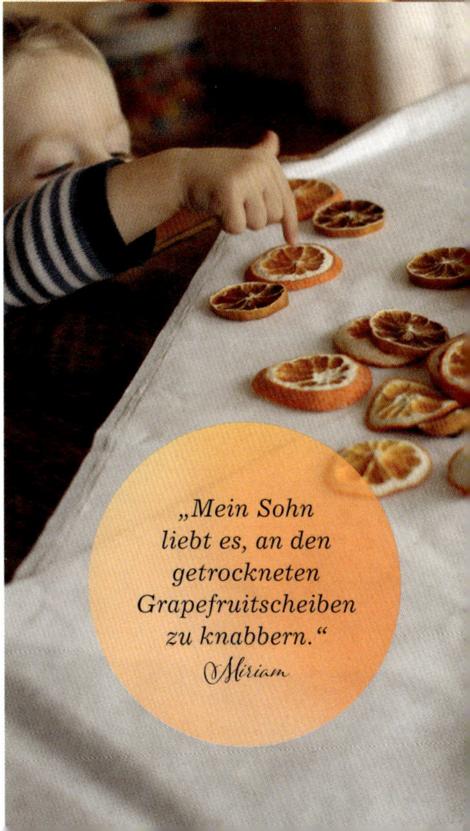
„Mein Sohn liebt es, an den getrockneten Grapefruitscheiben zu knabbern.“
Miriam

Schmeckt wie ein warmer Sommertag in Valencia.

Orangencreme-Törtchen
– kleines sonniges Wunder –

ZUTATEN FÜR DEN BODEN (FÜR CA. 3 TÖRTCHEN):

› Für den Boden:
› ca. 150 g Mandeln
› ca. 100 g getrocknete Aprikosen
› 10–20 g Kokosfleisch/-raspeln/-flocken

ZUBEREITUNG BODEN:

1. Die Aprikosen über Nacht einweichen, das Einweichwasser abschütten und auffangen.

2. Aprikosen in der Küchenmaschine oder im Mixer zu Mus zerkleinern.

3. Mit den restlichen Zutaten zu einem klebrigen Teig verarbeiten. Ist der Teig zu trocken, etwas von dem Einweichwasser hinzufügen.

4. Teig in Tartelette-Förmchen geben und an den Rändern hochstreichen, sodass nur die Ränder und der Boden bedeckt sind.

5. Von der Sonne oder im Dörrer (oder im Ofen bei 50° C mit Kochlöffel in der Türklappe) ca. fünf Stunden trocknen lassen. Die Törtchen lassen sich einfacher aus der Form lösen, wenn man diese vorher mit Frischhaltefolie auslegt.

FÜR DIE FÜLLUNG:

› ca. 150 g Cashewkerne
› frischer Orangensaft
› 1–3 TL Agavendicksaft
› ½ Vanilleschote nach Geschmack
› 1 Bio-Orange für die Garnitur

ZUBEREITUNG FÜLLUNG:

6. Die Cashewkerne über Nacht in Orangensaft einweichen lassen, abgießen, den Saft auffangen.

7. Im Mixer zerkleinern.

8. Mit Agavendicksaft und so viel Orangensaft vermischen, bis eine cremige Masse entsteht.

9. Nach Geschmack kann das Mark der Vanilleschote noch hinzugefügt werden.

10. Die Bio-Orange waschen, trocken tupfen und in Scheiben schneiden. Böden mit der Orangencreme ausfüllen und mit den Orangenscheiben garnieren.

Aufgepeppter Frühstücks-joghurt

– so kann der Tag beginnen –

ZUTATEN:

› gepuffte Quinoa
› Chiasamen
› getrocknete Feigen
› essbare Blüten (z.B. Kornblumen)
› Vanillepulver
› pflanzlicher Joghurt (z.B. Kokosjoghurt)

ZUBEREITUNG:

› Alle Zutaten unter den Joghurt mischen und genießen.

Die gepuffte Quinoa harmoniert wunderbar mit der Vanille und dem Feigenaroma.

Himbeertorte
— schmeckt nach mehr —

ZUTATEN TORTENBODEN:

› das Rezept für den Boden von der Kokos-
Limonen-Torte (vgl. S. 217)

oder

› die doppelte Menge des Bodenrezeptes von
den Pflaumen-Zimt-Törtchen (vgl. S. 208)

oder

› die doppelte Menge des Bodenrezeptes von
den Orangentörtchen (vgl. S. 195)

ZUTATEN TORTENBELAG:

› 1 kleine Mango
› eine Handvoll gelber Himbeeren
› eine Handvoll roter Himbeeren
› Kokosflocken

ZUBEREITUNG:

1. Den Boden zubereiten und in die Springform
geben. Gut andrücken.

2. Die Mango pürieren und auf dem Tortenboden
verteilen.

3. Mit den Himbeeren verzieren.

4. Mit Kokosflocken dekorieren.

TIPP: Mit Cashewsahne (S. 192) servieren.

*Was wünscht
man sich bei der
Farbkombination noch
mehr? Vielleicht nur
noch ein Stückchen
von der Torte …*

Kleine Gespenster lieben dieses leuchtende Kürbiseis!

Kürbiseis-Sandwiches

— eiskaltes Vergnügen —

ZUTATEN:

- › Für den Boden:
- › 150 g Walnüsse
- › 100 g Rosinen
- › Für die Eiscreme:
- › 50 g Cashewkerne
- › 150 g Banane
- › 40 ml Agavendicksaft

- › ½ TL Vanillepulver
- › 40 ml Kokosöl
- › 120 g Hokkaidokürbis
- › 20 ml Zitronensaft
- › 30 ml Wasser
- › Schale von ½ Hokkaidokürbis (für die Farbe), gewaschen

ZUBEREITUNG:

1. Alle Zutaten für die Eiscreme mit der Kürbisschale im Mixer zu einer glatten Creme pürieren.

2. In eine tiefe Form geben und einfrieren.

3. Für den Boden die Walnüsse über Nacht einweichen, abtropfen lassen.

4. Mit den Rosinen im Mixer oder in der Küchenmaschine zu einem Teig verarbeiten.

5. Den Teig mithilfe von Frischhaltefolie und Nudelholz ausrollen und Kreise ausstechen.

6. Aus der eingefrorenen Eiscreme in der gleichen Größe Kreise ausstechen und auf die Bodenplatten legen. Nach Wahl mit einem zweiten Teigkreis belegen.

7. Nach Lust und Laune mit gruseligen Halloween-Motiven verzieren.

8. Bis zum Servieren wieder einfrieren.

9. Vor dem Servieren ca. zehn Minuten antauen lassen.

Rohe Bananencrêpes mit Früchten der Saison

— für Schleckermäulchen —

ZUTATEN:

› 2 große Bananen
› 150 g Cashewkerne oder Macadamianüsse
› abgeriebene Schale einer Zitrone
› abgeriebene Schale einer Orange
› Süße nach Belieben (z.B. Agavendicksaft, Kokoszucker, Xylit)
› Früchte der Saison

ZUBEREITUNG:

1. Die Cashewkerne oder Macadamianüsse über Nacht einweichen, abtropfen lassen.

2. Mit der Zitronen- und Orangenschale glatt mixen.

3. Mit beliebiger Süße abschmecken.

4. Die Bananen im Mixer pürieren, als kleine Kreise auf nicht haftende Backfolie geben.

5. Im Dörrer ca. 5–6 Stunden trocknen.

6. Die Bananencrêpes mit Früchten belegen und mit der Creme garnieren.

Die rohen Bananencrêpes schmecken mit besten Freunden am leckersten!

Festliche Zimteiskristalle

– winterlich Schlemmen –

ZUTATEN (FÜR CA. 12 STÜCK):

› 200 g gemahlene Mandeln
› 3 EL Mandelmus
› 4 EL Agavendicksaft
› 3 TL Zimt
› ca. 100 ml Wasser

ZUBEREITUNG:

1. Die Zutaten für die Zimtcreme im Mixer mit der Hälfte des Wassers vermischen.

2. Nach und nach vorsichtig den Rest des Wassers zugeben, bis eine cremige Konsistenz erreicht ist.

3. Die Creme in Silikonförmchen geben, glatt streichen und einfrieren.

4. Vor dem Servieren stürzen und ca. zehn Minuten antauen lassen.

5. Je nach Geschmack mit Agavendicksaft, Zimtpulver oder Kakaopulver garnieren.

Servieren Sie zum Fest etwas ganz Besonderes.

Knusprige Birnenchips

– knackig und fruchtig –

ZUTATEN:

› 1 kg Birnen

ZUBEREITUNG:

1. Die Birnen mit dem Hobel in dünne Scheiben schneiden.

2. Im Dörrer (oder in der Sonne oder im Backofen bei 50° C mit Kochlöffel in der Tür, damit der Dampf abziehen kann) fünf bis sechs Stunden (je nach Dicke der Scheiben) oder bis zur gewünschten Konsistenz trocken.

TIPP:

Je länger man die Chips trocken lässt, desto krosser werden sie. Bevorzugt man die weiche Variante, nur vier bis fünf Stunden trocknen.

Probieren Sie auch einmal Apfel- oder Zucchinichips!

Chia-Pudding mit Beeren
— kleine Wunderperlen —

ZUTATEN:

› 1 kleine Banane
› 1–2 Msp Vanille
› 2 EL Mandelmus
› 200 ml Wasser
› 3 EL Chiasamen
› Süße nach Belieben (z.B. 1 EL Agavendicksaft oder Ahornsirup)
› 180 g Beeren (aufgetaut oder frisch)

ZUBEREITUNG:

1. Banane, Vanille und Mandelmus mit dem Wasser mixen.

2. In ein Schälchen füllen.

3. Chiasamen dazugeben und drei bis vier Stunden (oder über Nacht) quellen lassen.

4. Optional süßen.

5. Die Beeren pürieren und über den Chiapudding geben.

Das Grundnahrungs-mittel der Maya ist ein wahres „Superfood". Ein einziger Teelöffel Chia-samen soll einen Menschen 24 Stunden lang mit aus-reichend Nährstoffen versorgen können, so die mexikanische Volksmedizin.

Diese kleinen milchfreien
Eiskonfekte erfrischen nicht nur
an heißen Sommernachmittagen.
Mit schönen Pralinenformen oder
kleinen Backförmchen lassen sich
zu jedem Anlass die zauberhaftes-
ten eiskalten Naschereien
zubereiten.

Vor dem
Servieren fünf
bis zehn Minuten
antauen lassen.

Rohes Eiskonfekt

– eisgekühlter Genuss –

ZUTATEN EISKONFEKT:

› ca. 2 Tassen Cashewnüsse

› 2 Limonen

› ca. ¼ Tasse Agavendicksaft oder alternative Süße nach Wahl und Geschmack

› evtl. Wasser

› eine kl. Handvoll schwarzer Johannisbeeren

› etwas Kokosöl nach Belieben, wenn man es etwas cremiger möchte

ZUTATEN GLASUR:

› 30 g rohe Kakaobutter

› 1 EL Agavendicksaft

› 1–2 TL rohes Kakaopulver

TIPP: Vor dem Einfrieren mit einem Zahnstocher (oder Ähnlichem) vorsichtig in den gefüllten Förmchen rühren, damit die Luftbläschen nach oben steigen. Es hilft auch, von unten an die Form zu klopfen. So werden unschöne Lufteinschlüsse vermieden.

ZUBEREITUNG:

1. Die Cashewkerne über Nacht in Wasser einweichen lassen.

2. Die Limonen waschen und die Schale abraspeln, dann auspressen.

3. Die abgeriebene Schale zusammen mit den Cashewkernen, dem Agavendicksaft und dem Limonensaft (und evtl. Kokosöl) im Mixer zu einer glatten Creme pürieren (wenn die Creme zu dick ist, vorsichtig etwas Wasser hinzufügen und weitermixen).

4. Die Hälfte der Creme aus dem Mixer nehmen. Zu dem verbliebenen Rest die Hälfte der Johannisbeeren geben und pürieren, sodass eine violette Farbe entsteht.

5. Die übrigen Johannisbeeren in den Pralinenförmchen verteilen.

6. Nach Lust und Laune die verschiedenfarbigen Cremes in die Förmchen füllen und einfrieren.

7. Für die Glasur die Kakaobutter bei maximal 40° C schmelzen.

8. Mit dem Agavendicksaft vermischen und ein bis zwei TL Kakaopulver unterrühren.

9. Die kleinen Eiskonfekte in die noch warme, flüssige Glasur KURZ eintauchen und auf einem Gitter fest werden lassen (die Glasur härtet sehr schnell aus).

10. Einfrieren.

Gefrorene Pflaumen-Zimt-Törtchen

– der Schlüssel zur Glückseligkeit –

**ZUTATEN FÜR DEN BODEN
(FÜR CA. 6 MUFFINFÖRMCHEN):**

› 100 g Haselnüsse
› ca. 2 EL roher Kakao
› 3 EL rohe Kakaobutter
› 1–2 EL Agavendicksaft

FÜR DAS FRUCHTMUS:

› 3 gelbe Biopflaumen
› 3 rote Biopflaumen

FÜR DIE ZIMTCREME:

› 100 g gemahlene Mandeln
› ca. 60 ml Wasser
› 1 ½ EL Mandelmus
› 2 ½ EL Agavendicksaft
› 1 ½ TL Zimt

ZUBEREITUNG:

1. Die Pflaumen klein schneiden und nach Farben getrennt im Mixer klein pürieren, dabei ein paar Stückchen aufheben und nicht mitmixen.

2. Die Stückchen farblich getrennt in die Muffinförmchen geben, dabei das rote Pflaumenmus zu den gelben Stückchen geben und das gelbe zu den roten.

3. Die Förmchen sollten ca. zu einem Drittel gefüllt sein. Dann einfrieren.

4. Jetzt die Zutaten für die Zimtcreme im Mixer miteinander vermischen.

5. Wenn die Pflaumenschicht gefroren ist, die Zimtcreme drübergeben. Die Förmchen sollten nun etwas mehr als zu zwei Dritteln gefüllt sein.

6. Wieder einfrieren.

7. Für den Boden die Haselnüsse fein mahlen.

8. Die Kakaobutter vorsichtig bei max. 40° C schmelzen lassen.

9. Beides in einer Schüssel mit den restlichen Zutaten zu einem Teig verkneten.

10. Wenn die ersten beiden Schichten gefroren sind, das Förmchen mit dem Teig ausfüllen und einfrieren.

11. Vor dem Servieren die Törtchen stürzen und ca. zehn bis 15 Minuten antauen lassen.

Das Törtchen besticht schon alleine durch die Farbe, und die Kombination des Bodens mit der Zimtcreme ist unvergleichlich.

Dattelpralinen

– prickelnd und süß –

ZUTATEN:

› Medjool Datteln
› 100 g gemahlene Mandeln
› Zesten von einer Biozitrone
› 2 EL Reissirup
› 1 EL Zitronensaft
› gehackte Pistazien

ZUBEREITUNG:

1. Die gemahlenen Mandeln mit den Zitronenzesten vermischen.

2. Reissirup und Zitronensaft vermischen und zu den Mandeln geben.

3. Zu einem Teig verkneten.

4. Die Datteln entkernen.

5. Datteln mit der Mandelmasse füllen und mit Pistazien bestreuen.

Die leicht saure Füllung steht in spannendem Kontrast zu der Süße der Datteln.

210

Rohe Schokotaler

— paradiesisch weich —

ZUTATEN:

› 200 g Nussmischung (z.B. Hasel-, Wal- und Paranüsse, Mandeln)
› 100 g Rosinen oder getrocknete Datteln
› 1–2 EL roher Kakao
› Mandelstifte
› getrocknete Süßkirschen

ZUBEREITUNG:

1. Die Nüsse klein mahlen und mit dem Kakao vermischen.

2. Die Rosinen/Datteln in der Küchenmaschine zu einem klebrigen Mus verarbeiten.

3. Mit der Kakao-Nuss-Mischung zu einem Teig vermengen.

4. Kleine Taler formen und mit den Mandelstiften und getrockneten Kirschen garnieren.

Die kleinen Kekstaler sind nicht knusprig oder knackig, sondern weich und saftig.

Fruchtige und blühende Schokoladentafeln

— erlesenes Glück —

ZUTATEN: (PRO TAFEL)

› 100 g vegane Zartbitterschokolade

Erste Tafel:

› 1 getrocknete, weiche Feige

› etwas gepuffter Amarant oder Quinoa

Zweite Tafel:

› getrocknete Himbeeren

› essbare Rosenblüten

Dritte Tafel:

› 2 Paranüsse

› essbare Ringelblumen

Die Schokoladentafeln eignen sich wunderbar als kleines Geschenk für liebe Menschen.

ZUBEREITUNG:

1. Die Zartbitterschokolade über einem Wasserbad schmelzen.

2. Die geschmolzene Schokolade in eine Schokoladensilikonform gießen und mit der gewünschten Garnierung verzaubern.

Fruchtleder-Beißer

— Genuss am Spieß —

ZUTATEN:

› 8–10 getrocknete Feigen
› 6–8 getrocknete Pflaumen
› Zahnstocher
› Wasser

ZUBEREITUNG:

1. Die Feigen und Pflaumen über Nacht in Wasser einweichen, abtropfen lassen.

2. Im Mixer pürieren (evtl. etwas Wasser zugeben, damit ein cremiges Mus entsteht).

3. Das Mus auf nicht haftender Backfolie dünn ausstreichen und im Dörrer ca. sechs bis acht Stunden trocknen, bis es eine lederartige Textur bekommt.

4. Formen nach Wahl mit Plätzchenförmchen ausstechen.

5. Für einen Beißer einen Zahnstocher auf die Rückseite einer Form legen, andrücken, passgleiche Form drauflegen und wieder andrücken.

Das Fruchtleder eignet sich auch sehr gut als kleine Knabberei für zwischendurch. Einfach schmale Streifen schneiden, zu Schnecken drehen und mitnehmen.

Wenn die Torte mit Schokoladenguss überzogen ist und kühl und dunkel gelagert wird, hält sie sich ein bis zwei Wochen. Ohne Guss wird sie schnell trocken.

Kokos-Limonen-Torte

— exotischer Leckerbissen —

ZUTATEN:

› 2 EL Kokosöl

› 60 g Kürbiskerne (geschält)

› 60 g Sonnenblumenkerne

› 80 g Kokosflocken

› 100 g Datteln

› Saft von ½ Limone

› Zesten von einer ½ Limone

› 2 gehäufte TL Kakao

ZUTATEN TOPPING:

› Zartbitterkuvertüre oder rohe Schokoladenglasur (Seite 177)

› Kokoswürfel

› Kokosflocken

› Limonenzesten

TIPP: Der Kuchenteig eignet sich auch wunderbar, um daraus kleine Pralinen oder Riegel zu formen. Für den kleinen Energiekick zwischendurch!

ZUBEREITUNG:

1. Das Kokosöl vorsichtig über einem Wasserbad erhitzen (maximal 40° C).

2. Kürbiskerne, Sonnenblumenkerne und Datteln im Mixer zerkleinern. Die Stückchen sollten klein, aber noch zu erkennen sein (kein Mus).

3. Die Dattel-Nuss-Mischung in eine große Schüssel geben.

4. Kokosflocken untermischen.

5. Kakao untermischen.

6. Kokosöl unterrühren.

7. Limonensaft und -zesten dazugeben und alles noch mal gut miteinander vermengen.

8. Eine kleine Springform (Durchmesser ca. 20–22 cm) mit Frischhaltefolie auslegen und den Teig einfüllen.

9. Gut andrücken und dadurch verdichten.

10. Ca. zehn bis 15 Minuten in den Kühlschrank stellen.

11. Aus der Form lösen und nach Belieben verzieren.

Lebkuchen-Muffins

— weihnachtliches Gustostückerl —

ZUTATEN:

› ca. 200 g glutenfreie Mehlmischung

› 120 g Xylit (wer es süßer mag, muss mehr verwenden)

› 1 EL Lebkuchengewürze (Anis-/Zimt-/Nelkenpulver) plus extra Zimt (ca. ½ TL)

› 50 ml Speiseöl

› 1–2 EL Kakao

› ca. 200 ml Reismilch, Vanille

› 1 TL Weinstein-Backpulver

› Optional: Staubzucker, veganes Marzipan

ZUBEREITUNG:

1. Mehl, Zucker, Gewürze, Kakao und Backpulver in einer Rührschüssel gut miteinander vermengen.

2. Speiseöl und Reismilch dazugeben und mit dem Handrührgerät zu einem leichten, klebrig fließenden Teig verrühren.

3. In Förmchen verteilen und bei ca. 180° C 20 Minuten backen.

4. Nach Lust und Laune verzieren.

Die Muffins entfalten beim Backen ein ganz wunderbares, warm-würziges Aroma. Genießen Sie den Duft in vollen Zügen, denn er wird Sie entspannen und Ihre Stimmung aufhellen.

FROHES FEST

Schlummermus
– für den Schönheitsschlaf –

ZUTATEN:

› 2–3 EL Mandelmus
› ½ TL Zimt
› 1–2 Msp Vanillepulver
› 1– 1½ EL Wasser
› 3 Datteln

ZUBEREITUNG:

1. Das Wasser zum Mandelmus geben und zu einer glatten Masse verrühren.

2. Zimt und Vanillepulver hinzufügen und untermengen.

3. Die Datteln grob hacken.

4. Die Datteln in die Mandelmasse geben, gut vermischen.

5. Vor dem Schlafengehen genießen.

Bei Nomadenvölkern
werden Datteln als
leichtes Schlafmittel vor
dem Schlafengehen genascht.
Über einen längeren Zeitraum
gegessen, sollen sie einen
tiefen und erholsamen
Schlaf bescheren.

Über uns

Daniela Friedl

DANIELA FRIEDL lebt mit ihrem Mann und ihren Tieren auf einem 250 Jahre alten, stillgelegten Bauernhof im Salzburger Seengebiet. Die akademische Sportjournalistin ernährt sich bereits seit ihrer Kindheit vegetarisch und entschied sich 2009 aus ethischen Gründen für den Veganismus. Zudem verzichtet sie in ihrer Ernährung auf Soja und Weizen. Die Autorin mehrerer Bücher bietet Kurse und Vorträge zum Thema „Vegan kochen ohne Soja" und „Vegane Hausmannkost" sowie professionelle Food- und Produktfotografie (ausschließlich vegan) an.

Anfragen senden Sie bitte an office@vegane-hausmannskost.com

PUBLIKATIONEN:

› „Mitleid unangebracht – vegan leben in Österreich" (Tredition 2011)
› „Vegane Hausmannskost" (Freya Verlag 2013)
› „Schnelle vegane Küche – sojafrei & einfach" (Freya Verlag 2014)

Mehr Informationen finden Sie unter www.vegane-hausmannskost.com

Miriam Emme

MIRIAM EMME lebt mit ihrer Familie, dem Kater Fiddich und der Sheltielady Faye auf dem Pappelhof am Fuße des Desenbergs in der Warburger Börde. Die Grafikdesignerin erkrankte im Jahr 2006 an unerklärlichen Muskelentzündungen und einer Unterfunktion der Schilddrüse. Auf der Suche nach Heilung stieß die Illustratorin im Internet auf die amerikanische Rohkostbewegung und wurde im Februar 2009 über Nacht zur Rohköstlerin. Nach drei Jahren intensiver Forschung über Entgiftung und Wirkung von Lebensmitteln auf den Körper waren sämtliche Krankheiten besiegt. Der vegane Lebenswandel wurde zwar durch ihre Schwangerschaft 2012 unterbrochen, doch jetzt lebt Miriam wieder vegan und befindet sich auf dem Weg zurück in ihr rohköstliches Leben.

Miriam Emme bloggt seit 2011 über vegane und rohköstliche Ernährung und naturnahes Leben. Sie bietet neben den Dienstleistungen einer Werbeagentur auch Zubereitungskurse in den Bereichen Rohkost und vegane Ernährung an. Privat beschäftigt sie sich mit Naturspiritualität und Fotografie.

Mehr Informationen finden Sie unter
www.wurzelweber.com und www.truedesign.eu

QUELLENANGABEN

Christine Volm (2010): **Meine allerliebsten Wildpflanzen rohköstlich.** Verlag Eugen Ulmer, Stuttgart

Siegrid Hirsch, Felix Grünberger (2011): **Die Kräuter in meinem Garten.** Freya Verlag KG, Linz

Dr. William Davis (2011): **Wheat Belly.** Verlag Rodale Press

www.zentrum-der-gesundheit.de

Daniela Friedl

Schnelle vegane Küche
sojafrei & einfach

Sie haben genug von Nudeln mit immer derselben Tomatensoße? Eintöniger Blattsalat ist Ihnen zu wenig und die vegane Currywurst reißt Sie schon lange nicht mehr vom Hocker? Daniela Friedl zeigt, dass vegane Küche ohne Soja- und Fleischersatzprodukte auskommt und trotzdem viel zu bieten hat. Die Gerichte sind unkompliziert und können in nur dreißig Minuten nachgekocht werden. Die vielseitige Rezeptsammlung reicht von Suppen und Snacks über Brotaufstriche bis hin zu schnellen Hauptmahlzeiten und köstlichen Desserts für Naschkatzen.

ISBN 978-3-99025-115-7

Daniela Friedl

Vegane Hausmannskost
Traditionelle Hausmannskost und vegane Küche – eine gelungene Kombination ...

... die sowohl Erinnerungen weckt, als auch bodenständige Gaumenfreuden verspricht. Daniela Friedl stellt ihre persönlichen Lieblingsgerichte aus Kindertagen vor – liebevoll bebildert und mit historischen Hintergrundinformationen abgerundet. Entdecken Sie die Klassiker der österreichischen Küche neu – vegan und tierleidfrei.

ISBN 978-3-99025-111-9

Daniela Friedl

Mitleid unangebracht
Vegan leben in Österreich

Wie lebt es sich als Veganer in der rot-weiß-roten Alpenrepublik? Seinen Werten treu zu bleiben und dennoch am gesellschaftlichen Leben teilzunehmen, das erweist sich im Alltag oft als moralischer Spagat. Ein Spagat zwischen Schweinebraten und Ethik, Lederhose und Gewissen.

Erhältlich bei www.tredition.de/shop, sowie www.amazon.de

ISBN 978-3-84244-579-6